新橋パラダイス

駅前名物ビル残日録

村岡俊也

文藝春秋

しんばし
SMB
JY
29
Shimbashi
新橋
신바시
ホームと列車のすき
せまくしています

Business-Airport
C11 292

FamilyMart
経営者募
わらやき屋
BAR
NIPPON
Rent-A-Car
B2F
P
有料
駐車場
入口
自転車専用
TAX
スクランブル式

TOP'S
オケ
BIG ECHO
Karaoke Entertainment
カラオケ
カプセルホテル新橋
3434
0622
うまいもん
とりえもん
5F
4F
Revive
BEER BAR
太洋ビル
カラオケの鉄人
サウナ
Collection
パチンコ・スロット
BIGディッパー
松屋
1・2F
焼肉
カラオケ 24h
FIRE HYDRANT
消火栓
レインボーホテル

ビル 1 号館
帝都ハイヤー新橋営業
オ ル フ ィ ス
乗務員募集中
帝都ハイヤー
TOKOJI TAXI

横 浜
ヌ ー ベ ル
新 橋 駅
ENGLISH

目次

はじめに　14

第一章
マーケットの路地裏が遊び場だった　20
闇市にルーツを持つ二つのビル／金持ちと貧乏人の差がなかった時代／キャバレー〈ハリウッド〉の看板が輝いていた／『およげ！たいやきくん』で借金返済／郷愁のオムライス

第二章
妖しい中国系マッサージ街の謎　36
名物となったアジアな光景／なぜ中国系マッサージが乱立したのか／都心のエアポケット／ストッキングを穿いたサラリーマン／名前を教えてくれない呼び込み嬢

第三章
〝裏新橋〟の入り口に立つ　56
ビルの地下にある裏路地／図書館司書だった立ち呑み屋のママ／裏には裏の顔がある／ディープな新橋を体現するバー／地下街は平和な長屋になった

第四章
カプセルホテルに暮らす演歌師のブルース 74
北島三郎が渋谷で流していた時代／新橋ほどの天国はない／
十八番は『悦楽のブルース』／新橋最後のギター弾き／寝床は一泊四千六百円

第五章
ピンクの部屋に棲む蜥蜴 90
新橋は今も魔都なのか／風俗店の受付になぜか蜥蜴が／
店長よりも長く在籍するヘルス嬢／湿度の高いピンクの空間

第六章
駅のホームを見下ろす部屋で 104
Gショックをはめた元官房長官／新橋芸者の時代を生きた名物女将／
華やかな衣装で埋め尽くされたワンルーム／住居階からの眺め

第七章
生卵をかっ込みながら頭を刈る 118
バーバーに職人がいた最後の時代／日に焼けたリーゼントの理容師／
ドライヤーのない理容店／年の瀬に鍋を仕込む

第八章 スナックは魔の巣か団欒か 128
裏通りのスタジオで変身する／四十年前から変わらないスナック／新幹線で週六日通う常連／「早く壊してほしい」とママは言った

第九章 汐留再開発が支えた幸福の味 144
名店〈ビーフン東〉の来歴／政治家だって特別扱いしない／店の壁に刻まれた年輪

第十章 浮世と現実を昇り降り 156
ＳＬ広場の大盤将棋／麻雀に興じた団塊の世代／麻雀のペーソスを伝えるために／金券ショップのルーツ／いかにして金券で儲けるのか

第十一章　水槽に映るファミリービジネス　174
ブローカーが集う喫茶店／八十七歳で店に立つ母親／笑わないマスターの写真／家族の中心にはいつも店があった

第十二章　二つのビルとチベットを行き来して　188
自宅の玄関よりも狭い店／騙されても恨まない／夫のチベット行脚に同行する／着物姿で自転車通勤する女将

第十三章　これから新橋はどこへ行く　198
ビルの一角で進んだ鮨屋の変遷／このビルは家のようなもの／新橋駅前再開発の現状／新橋で働く人々のオアシス／日常と土地の記憶

あとがきにかえて　214

装丁　番洋樹
写真　平松市聖

はじめに

新橋は私にとって、どこにでもある街だった。

別段、目新しいものもなく、自分のためにあると思えるような店は目に入ってこなかった。二十代の駆け出しライターだったせいもあるかもしれない。古いものよりも、新しいものの方に見るべき価値があると考えていたのだろう。

でも、少しずつ新橋が自分に近づいてきた。

新橋駅西口SL広場に隣接するニュー新橋ビルへ初めて入ったのは、およそ十五年前、釣具店が目的だった。東銀座にある出版社での打ち合わせの帰りに立ち寄りやすい店を検索し、見つかったのがニュー新橋ビル二階の店舗だった。

「なんだか古臭いビルだな」と当たり前の感想を抱きつつビル内へ入ると、異業種が同じような区画で肩を寄せ合っている。蛍光灯に白く照らされた狭い通路は、まるで迷路のようで、自分がどこを歩いているのかわからなくなった。

一階には金券ショップがひしめき合い、健康食品店には山のように商品が積まれ、カウンターだけの洋食屋には行列ができている。パチンコ店からはBGMが漏れ聞こえていて、立ち食いそば屋やジューススタンドにスーツ姿のサラリーマンが吸い込まれていく。

エスカレーターで二階に上がると「お兄さん、マッサージ、どう？　上手よ～」と中国人女性に腕を摑まれた。ゲームセンターでは背中を丸めた男たちが往年の対戦型ゲーム機に向かい、オレンジ色の照明が店内を淡く照らす喫茶店では堂々とタバコを吸いながらネクタイをしていない男たちが打ち合わせをしている。アダルトショップには赤い幟《のぼり》が立ち、マッサージ店と同化するように風俗店まであった。

すべての通路が回遊できるように繫がっていて、行き止まりがない。まるで旅先の知らない街で今夜の宿を探すように、同じ場所を何度も行き来してしまう。

階段脇に貼られた案内図を確認してようやくたどり着いた釣具店はいたって普通のチェーン店だったが、以来このビルの、猥雑で、好き勝手な雰囲気に惹きつけられている。

しばらく通っているうちに、自分に必要なものはほとんどこのビルの中にあるじゃないかとさえ思うようになった。

数年前、編集者やカメラマンとの打ち合わせに使っていた二階の喫茶店〈ポワ〉が閉店した。低いソファに低いテーブル、キノコのような形をした照明が置いてあり、不健康そうな脚の細いウェイトレスがいた。一段高くなった場所にカウンターキッチンがあり、店主はいつも不機嫌そうにフライパンを振って、ナポリタンを作っていた。フロアに出てくる時にはサンダルをつっかけていた。座席が低い分、足元に視線が向いていたのだろうか。

閉店を知らせる小さな張り紙がレジ脇の壁に貼られてしばらくして、あっさりと店が閉まり、今もそのテナントはシャッターが下りたままだ。あの店員たちは、どこに行ったのだろう、どんな人生だったのだろう。

喧騒という効果音をビル内に流していたパチンコ店も、私が通っていた店のいくつかも、今はもうない。

ニュー新橋ビル、そして駅を挟んだ東側にある新橋駅前ビルには、数年前から再開発の動きがある。「耐震診断が義務付けられている建築物の耐震診断結果等の公表について」と題して、二〇一八年（平成三十年）に東京都が発表した震度六強～七で倒壊する危険性が高いビルの中に、六本木ロアビル、新宿紀伊國屋ビルなどと並んで、ニュー新橋ビルの名前も挙げられ、再開発の機運はより高まっている。

終戦直後の闇市に端を発し、その闇市を取り込むようにマーケットが建てられ、盛り場となっていった新橋駅前。一九六四年（昭和三十九年）の東京オリンピックの前後で東京都が進めた市街地改造事業によって、そのマーケットを壊して建てられた駅前の二つのビルが、再び再開発されようとしている。

だが、まだビルの中には戦後から地続きで熟成されてきた物語がいくつも詰まっている。狙って作られたわけではない、異業種が入り交じることで醸されるノスタルジックな空気は、一度霧散してしまえば、二度と味わうことができない。

地下 1
13:27 逗子 11両 地下
13:41 逗子 15両 地下

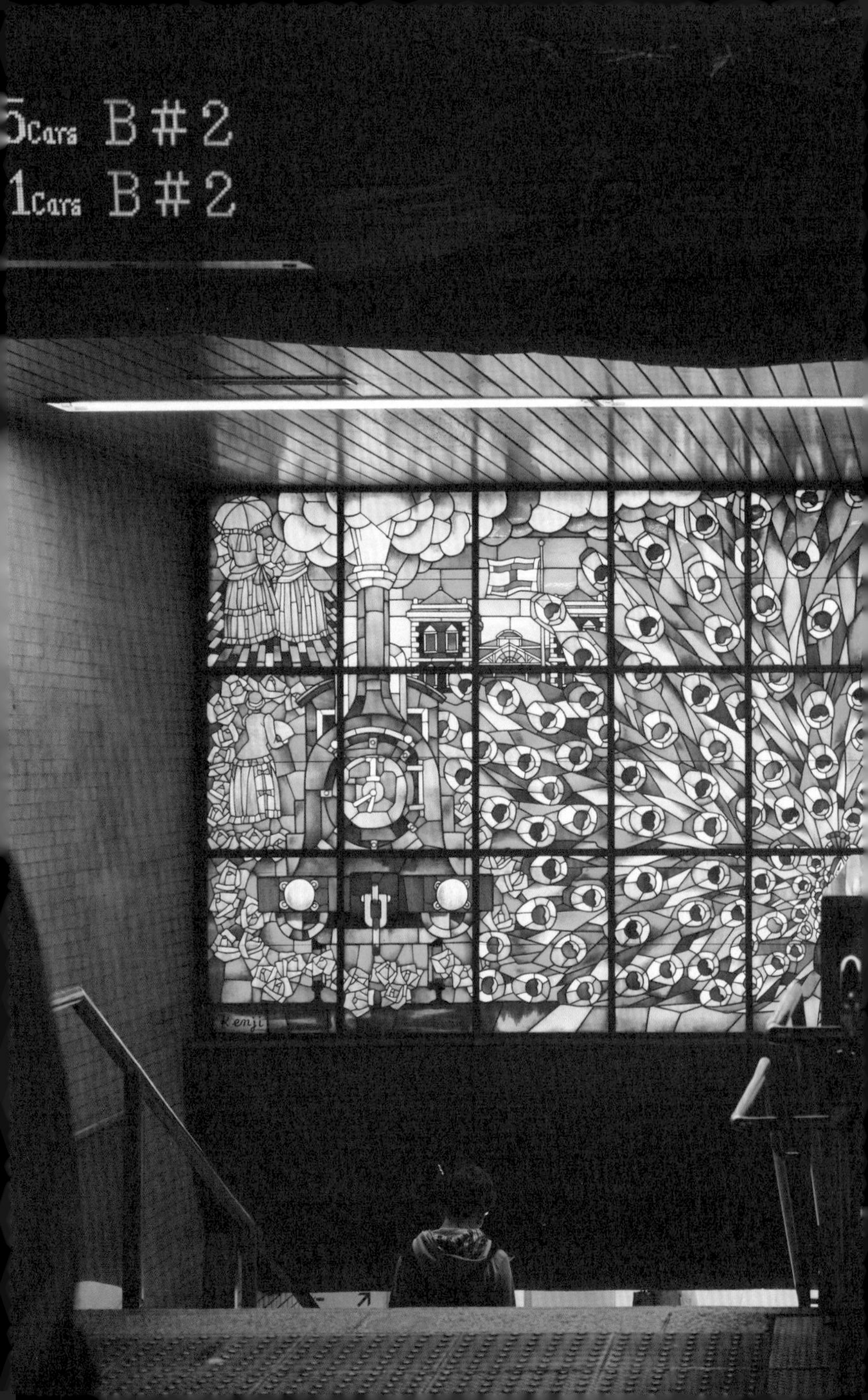
5Cars B#2
1Cars B#2
Kenji

第一章　マーケットの路地裏が遊び場だった

闇市にルーツを持つ二つのビル

新橋駅西口、SL広場に隣接するニュー新橋ビルは、東京都の市街地改造事業によって一九七一年（昭和四十六年）に生まれた。後にほぼすべてのターミナル駅で行われていく戦後の再開発事業の先鞭をつけたのが、新橋駅前だった。

一九六一年（昭和三十六年）に都市計画が決定され、一九六六年（昭和四十一年）にまず東口の新橋駅前ビルが建てられた。五年遅れて西口のニュー新橋ビルが完成している。周辺の道路、広場の整備を含めて、東口は総事業費七十七億円、西口は百二十九億円をかけた非常に大規模な工事だった。

新橋駅前ビルは1号館が地下四階、地上九階建て、2号館が地下三階、地上九階建て。ニュー新橋ビルは地下四階、地上十一階建て。施工の主体は東京都であり、ビル内の区画は分譲された。

当時、それぞれのビルが建てられた場所には戦後の闇市に端を発する飲み屋街があり、カウンターに数席だけの狭小店が軒を並べていた。

新橋駅西口は戦後の東京でもっとも早く闇市が立った場所のひとつだったという。新橋駅を戦禍から守るための「火除地《ひよけち》」として強制疎開が行われ、駅前が空き地になっていたために、終戦の翌々日には人々が品物を並べ始めた。あっという間に物資や食料を求める庶民が押し寄せて、闇市が形成されていった。

一九四六年（昭和二十一年）にはその闇市を整理する形で、関東松田組主導のもと、総二階建て建築面積六五六〇平方メートルの「新生マーケット」が建てられる。二百五十店舗以上を収容する当時としては巨大な建物はしかし、半年後には店舗からの出火により三分の二が焼失してしまう。

マーケットを再興したのが、当時の若き港区長、井手光治だった。闇市に端を発する不法占拠の状態から権利関係を整理するために、新橋商場（のちの新橋商事）を設立。土地を所有する戦前の強制疎開者たちと土地の賃借契約を結び、井手はそのままマーケットを管理する立場に収まった。

マーケットの形式を踏襲しつつ、飲み屋街へと進化を遂げた新橋西口では、ニュー新橋ビルを建てるにあたって、戦前からの土地所有者と戦後マーケットの店子《たなこ》との複雑な権利関係を新橋商事が中心となってどうにか整理し、狭小の店舗群はそのままニュー新橋ビル内に引き継がれることになった。

新橋商事は落成後にはビル内に事務所を構え、主に不動産管理を手がけている。SL広場に面した場外車券売り場〈ラ・ピスタ新橋〉も新橋商事の物件であり、現在もニュー新橋ビルにおける最大地主である。

金持ちと貧乏人の差がなかった時代

ニュー新橋ビルが建つ以前に成人し、マーケットで働いていた人はもうビル内にも多くはないが、一階にある靴店〈十全堂〉の社長・山口貞夫さんは、一九六一年に二十七歳で西口駅前の「マーケット」にあった靴店に養子に入り、長屋の店舗で寝泊まりしていた当時の記憶を今もとどめている。

「建物はね、古材を使っていたんだと思う。三階建てで三階は屋根裏みたいな感じでね。もしも焼けてしまうとそこで商売する権利が無くなってしまうから、その屋根裏に一人で寝泊まりして火の番をしたの。夜寝る時には雨戸を立てて、水をかけて。タバコの火をつけられたら大変だからって」

マーケットの三分の二を消失した一九四七年（昭和二十二年）の火事以降も、不審火が相次いだという。店が焼けてしまうと「商売する権利が無くなってしまう」という言葉からも、いかに当時の権利関係が曖昧なものであったのかが窺える。

「店の間口は一間半で、奥行が二間くらいかな。周りは焼き鳥屋、小料理屋、小さい飲み屋がほとんどでしたよ。女の人がやっている店が多くて、だいたい二号さんだったと思いますよ。小さなキャバレーも多くてね、女の人がうちの店にもお客さんを連れてくる。それで気が変わらないうちに何でもいいからできるだけ高い婦人靴をお客さんに買わせて、あとで自分の好きな靴に取り替えにくる。お客さんだってみんな顔見知りなのにね。金持ちと貧乏人の差がなくて、みんな長屋に住んでる友達みたいなもんだった。いま考えると、ずいぶん面白い場所にいたんだなと思うよ」

現在の〈十全堂〉は、ＳＬ広場側のメインの入り口から入ってまっすぐ進んだ通路沿いにある。マーケット時代の店よりは広いが、それでも店舗としては狭小の部類に入る横長の五坪ほどのスペースに、主にサラリーマン向けの紳士靴が並べられ、今では婦人靴はほとんど扱っていない。

「ニュー新ができた当時はね、うち以外にも婦人靴屋さんがあったし、婦人服、ネクタイ、下着まで、今の状況を見ると情けないくらい、ほとんどデパート並みになんでも揃ってた。モダンなビルだったね。いまも目をつぶると思い出せるよ。入り口のすぐ右側、いまは宝くじを売っているところが婦人の下着屋さんで、うちの並びには〈コトブキ〉っていうネクタイ屋があって。それが五十年近い間に少しずつ店が変わって、一緒に入った人たちが段々と辞めていった。お世話になりましたって挨拶して出て行くんだよ。寂しいよな。みんな、どこに行っちゃったんだろう」

八十五歳を過ぎた山口さんは店に並べられた靴の間に佇むようにして座り、ビル内でももっとも人の往来の多い通路にぼんやりと視線を投げている。〈十全堂〉の屋号は、キリスト教の十字架から付けられたものだという。

キャバレー〈ハリウッド〉の看板が輝いていた

ニュー新橋ビルは、地下一階から地上四階までを商業フロア、五階から九階までを事務所フロア、十階、十一階を住居フロアとして分譲された。商業エリアでは、申し込みが重なった区画で抽選が行われ、入居者が選ばれた。

〈十全堂〉が選んだ一階の通路沿いの区画は、現在の感覚からすれば一等地に思えるが、競合がなかったという。山口さんによれば、当時人気だったのはビルの外側、道路に面した区画だった。同じような建物といえば新橋駅前ビルがあるだけで、駅前の商業ビル内で飲食業を営むビジネスモデルがまだ確立されていなかったからだろう。

仲のいい店同士で相談し、割り当てられた区画を交換したり、分割することもあったという。一定の基準があった店舗の広さが、さらに細分化され、現在のような間口も広さも無作為に見える姿が確定していく。地下一階あるいは一階を希望した飲食店に三階や四階の区画が割り当てられ、泣く泣く新橋を去っていくこともあった。

ビルが建つ以前、一九四八年（昭和二十三年）からこの地で主に高級料亭向けの果物を扱っていた〈小沢果実店〉でも、くじ引きで割り当てられたのは地下の店舗だったが、隣の鞄店と場所を交換してもらい、ビル一階の中側、烏森通り出口に近い角の位置に入ることになった。

当時は従業員の休憩スペースとして住居階の一室を購入するほど繁盛していたが、時代とともに新橋の料亭が少なくなり、見舞いに果物を持っていく慣習が廃《すた》れて高級果物の需要が激減したこともあって、二〇〇〇年（平成十二年）に〈オザワフルーツ〉と屋号を改め、ジューススタンドに業態を変えている。

父親から店を継いだ荒井貴子さんは、夜十二時まで営業していたマーケット時代を今も覚えているという。当時はまだ小学生だった。

「夜七時になるとマーケットの周囲の道が歩行者天国になって、そこでローラースケートをしたり、フラフープをしたりして遊んでいました。窓を開けると東京タワーが見えて、〈ハリウッド〉っていう大きなキャバレーの看板が輝いていたのを覚えています。細い迷路みたいな路地が、私たちの遊び場だったんです」

〝キャバレー太郎〟の異名を取った福富太郎が手がけた〈ハリウッド〉の一号店、踊り子キャバレー〈新橋ハリウッド〉がマーケット内に開店したのが一九六〇年（昭和三十五年）のこと。一九六四年には銀座八丁目に一階から五階までビル一棟丸ごとを使った巨大なキャバレー〈銀座ハリウッド〉が開店しているから、荒井さんの記憶に残っている「大きなキャバレー」はそのどちらかだろう。

マーケットの中には子どもたちが何人も暮らし、一ブロック隣の桜田小学校へ通っていた。〈創業明治拾八年〉の看板を掲げたカウンターだけの洋食屋〈むさしや〉の先代店主・鈴木瑞雄さんもまた、新橋で生まれ育った。荒井さんにとっては生まれた時からずっと「ご近所さん」で、少し年上のお兄さん。現在の店も一階の角を曲がった目と鼻の先にある。鈴木さんにとってもまた路地裏が遊び場だった。

「このビルの中で、戦前から新橋にいるのはウチだけだよ。なにせ昭和十一年（一九三六年）

の二・二六事件の時には、うちのじい様は首相官邸の裏口からこっそり大八車であんぱんを届けたっていうんだから。このビルに入るまでは、ずっと菓子店だったの。強制疎開からはギリギリ免れたけど、もちろん空襲で家は焼けた。でも菓子店だったから戦後も砂糖はあったわけ。農家が米を持ってきて砂糖と交換するから、みんなは食べるものがないのに、ウチは三度三度白米食べてた。あるところにはあるっていうのが、うちの母親の口癖だったね。

俺が生まれたのが昭和二十二年。家はマーケットの入り口にあったんだよ。中には怪しいバーとか小料理屋、青線もあった。桜田小学校の裏が連れ込み宿だったんだから。細い路地を入るとさ、キャバレーのお姉ちゃんとおじさんが抱き合ったりしてる。そういう二人が店に来るんだ、お菓子買いに。あとでお姉ちゃんがこっそりお菓子を持って戻ってきて、いくらか引いてお金を返すわけ。まあ、リサイクルだな。お菓子は減らないのにお金が入ってくるわけだから、これは儲かっただろうね。銭湯に行くと紋紋の入ったヤクザの親父さんがいるんだよ。坊主、小遣いやるから背中流せって。知った顔だから怖くないからね、五円もらって。銭湯も友達の家だから、こっそり女湯覗かせてもらったりして。ホント、楽しかったよ」

根っからの江戸っ子は人懐っこく話し好きで、遮る間もなくエピソードを畳み掛けてくる。

キャバレーが点在する活気に溢れたマーケット内には、互いを支え合うようにして多様な業種が共存していた。靴や果物と同じように、高級菓子もまたグルグルとキャバレーと店を行き来する商材であり、飲み屋街の端には子どもたちを相手にした「玩具店」もあった。

港区立みなと図書館には、一九五四年（昭和二十九年）に日本火保図株式会社によって作図され、一九五八年（昭和三十三年）に修正された地図が戦後の区分所有を知る手掛かりとして残されている。

地図上のいまニュー新橋ビルが建てられている区画には、〈菓子店ムサシヤ〉から三軒挟んで〈小沢果実店〉がある。周囲には、やきとり、甘栗、すし、おでんなど、商売の種だけが記された小さな店舗が密集して並び、現在のSL広場の位置には馬券売り場がある。その裏手には〈海水湯〉とあるから、鈴木さんが〝覗いて〟いたのはきっとこの銭湯だろう。

『およげ！たいやきくん』で借金返済

ニュー新橋ビルには竣工当時から営業を続けている店が各フロアに数店舗残っているが、業態を変えることなく続けている店はそう多くはない。

〈むさしや〉も元は菓子店だったが、ビルに入ってから何度も業態を変えている。

明治十八年（一八八五年）に創業した菓子店〈むさしや〉は、鈴木さんが大学を出て店を継ぐと、ニュー新橋ビルでハンバーガーショップを始めた。銀座・三越一階に初上陸して大ブームになった〈マクドナルド〉に先駆けての開店だったが、早すぎたのか人気が出ずに、ほどなくしてクレープ店に鞍替えをする。だがまたしても流行の先を行き過ぎて失敗し、借金を抱えることになってしまう。

ちょうどその頃、二十五歳で子どもが生まれ、「どうにかしないと」と始めた、鯛焼きやたこ焼きなどのいわゆる「テキヤ商売」が、一九七六年（昭和五十一年）に子門真人が歌った『およげ！　たいやきくん』のヒットに乗じて繁盛し、一年で借金を完済する。

さらにアルバイトで雇っていた香港人に教わって中華料理店を開いたが、周囲に中国人が増えたところで現在の洋食店へとまたも転身。かつては街中にたくさんあった小さな洋食店が減ってきたタイミングで、カウンターにスツールを並べてオムライスやナポリタンを出す現在のスタイルを確立し、鈴木さんの先見性が時代と合致していく。

今では十時半の開店直後から長蛇の列ができ、厨房に面したL字カウンター八席が常に満席のビル内屈指の人気店になっている。

郷愁のオムライス

店頭には写真付きのメニューが貼られていて、回転を良くするため行列に並んでいる間に注

文を取られる。私も月に一度は、ランチどきを避けるようにして食べに行くが、それでも並ばずに席に着けることはほとんどない。

その日は自分の前に並ぶサラリーマンが、ドライカレーを卵で包んだオムドライを注文したので心が揺れたが、やはりいつもと同じようにオムライスをオーダーしてしまう。

五分ほどで席が空き、白い紐のスダレをくぐって席に着くとすぐにオムライスが運ばれてきて、引き換えに代金八百円を支払う。バターが甘く香るオムライスには、具の入っていない麺だけのナポリタンとマヨネーズのかかったキャベツの千切りが添えられ、ほんの少しだけワカメの入った味噌汁が湯のみ茶碗で付いてくる。薄い卵に包まれた、ケチャップの甘みと酸味をまとった炭水化物に、クラクラするほどノスタルジーを刺激されてしまう。

〈創業明治拾八年〉の看板が掲げられているので、百三十年以上も変わらない味なのかとつい思ってしまうが、これは昭和が終わる頃に生まれた味、いや、むしろ平成の味なのだ。ずっと変わらないようでいて、時代と共に少しずつ変わり続けてたどり着いた味。

鈴木さんは、変化し続けるこの街をどう見てきたのだろう。

「昔の焼き鳥の煙がモクモクだったマーケットの時代から、新橋の本質はあんまり変わってないんだよ。基本的には小さな飲み屋でいっぱいだから。このビルの中もそうだよ。怪しい店もまだまだあるからね（笑）。俺はね、死ぬまで店に立ちたいんだよ。仕事も好きだし、新橋も好きだからね。今は世田谷に住んでるけど、一年三百六十五日、毎朝五時半に来て、烏森神社にお参りして、夜勤明けのお姉ちゃんたちと立ち話したりして。いまでもゴチャゴチャした街であることは変わらない。だから、新橋に来るとホッとするんだ」

今日も鈴木さんは地下一階の、一面の壁に巨大な富士山の空撮写真が飾られた喫茶店〈フジ〉で朝刊を読みながら、モーニングのトーストを食べているだろう。二十年以上働いている馴染みのウェイトレスと軽口を叩いてから、エスカレーターで自分の店へと上がっていく。まったく変化のないように見える鈴木さんのこの日々のルーティンも、〈フジ〉の富士山の写真が実は三代目であるように、少しずつ形を変えながら確立されていったもの。

鈴木さんはまさしくニュー新橋ビルと共に生きてきた人だ。

妻となった女性もビルの中で見つけた。ビルが出来た当初は、SL広場側の入り口に受付嬢がいて、その中でもっとも美人と評判だった女性を「人生で初めてナンパして」結婚した。

そうして二十五歳の借金まみれの最中に生まれた息子と、今ではお揃いの黒いエプロンをして、カウンターの中に立って並んでいる。

手の技
指圧・オイルマッサージ
氣樂院

ウエルネス
Body&Foot
TEL.03-3593-0421
ウェルネス
YAKITORI
備長亭
マッサージ・
ラクラク
30=2000
40=3000
60=5000
串焼き
備長亭
分2000
分5000

第二章　妖しい中国系マッサージ街の謎

名物となったアジアな光景

ニュー新橋ビル二階の壁に貼られている案内図によると、フロアの区分はSL広場側のエスカレーターで上がってすぐの〈201居酒屋「初藤」〉から始まり、〈270「マッサージ整体気楽院」〉で終わる。すでに存在しない店も多く掲載されているが、二階は七十ものテナントがひしめき合っており、現在そのうちの半数近くを占めるのがマッサージ店だ。

ミニスカートを穿いた中国人女性たちが、ロングヘアをかきあげながら近寄ってきて、ときには腕を引っ張って「マッサージ、上手よ！」と声をかける姿は、もはや二階の名物となっていて、初めてエスカレーターを上がった人は、そのあまりにアジアな光景に驚かされるだろう。

客引きに精を出すマッサージ嬢だけではない。カウンターに佇んでずっとスマートフォンのゲームに熱中している短パン姿の男がいたり、店先にたむろして雑談しながら何かを食べているマッサージ嬢たちもいる。サンダルをつっかけて我が物顔でフロアを行き来し、世間話に興じる彼女たちに囲まれていると、まるで中国の地方都市の裏通りを歩いているようなトリップ感を覚えてしまう。

それらのマッサージ店に埋もれるようにして不動産店〈三立エース〉を構える富成昭英さんは、ニュー新橋ビルの店舗の変遷をもっとも間近で見てきた人物のひとりだ。なにせ不動産仲介業者として三十年近く、区分オーナーの意向を聞き、店子を募集して、内装業者を手配してきた。

富成さんは、ニュー新橋ビルが竣工した一九七一年（昭和四十六年）に宅地建物取引主任者の免許を取得して、新橋の街中の小さな雑居ビルで不動産業を始めた。通勤前に通っていた、できたばかりのニュー新橋ビル二階にあったのはほとんどが喫茶店で、現在はジーンズ店となっている区画に行きつけの店があった。

「当時は喫茶店の他には、今は一軒しか残っていませんが、他にも二軒の額縁屋さんがあったのを覚えてますね。二階は時代ごとに流行の業種みたいなものがありまして、喫茶店の後には物販の時代があって、サーフボードを売っている店もありました。その後はぱったりシャッター通りになってましたけど、一九七〇年代の後半からゲームセンターやゲーム喫茶がいくつもできたんです。インベーダーゲームで賞金に十円当たったりして。あの頃は誰もそれが違法な賭博行為だとは思ってなかったから。でもレートが少しずつ上がるにつれて、規制が段々と厳しくなって、警察の手入れが入っちゃったんです」

インベーダーゲームは、一九七八年（昭和五十三年）の登場から爆発的な人気を得て社会現象にもなったが、その熱狂的なブームが去るとそれらの店は次々と閉店し、現在二階で営業を続けているのは〈ゲームイン　リド〉だけになってしまった。

外からの視線を塞ぐようにUFOキャッチャーが置かれた薄暗い店内には、テトリスやパックマン、脱衣麻雀など、往年のアーケードゲームが並び、パイプ椅子に座ったスーツ姿のサラリーマンが仕事をサボってゲームに興じている。

開店早々毎日のようにやってくる初老の男性は、高いスツールに座ってタバコをふかしながら賭け金の発生しないスロットを打っている。女性や子どもの姿はなく、誰も喋っていない。

竣工当時にはパチンコの元祖であるアレンジボールの店として出発したが、インベーダーゲームの〝混乱〟を経て、「流行を追わない店」として〈ゲームイン　リド〉は生き残った。現在のオーナーは三代目で、かつてはゲーム会社で働き、この店の修理担当だったという。

全盛時には十一店舗あった地下一階に残っている〈ウィング〉の現オーナーもまた元ゲーム会社の社員だった。

録画中
録画中
録画中
ビデオカメラ設置店
平日/ 10:00 ～ 23:20
土曜/ 10:00 ～ 23:00
12:00 ～ 21:00
SEGA MONEY CHANCER
超高感度監視
カメラ作動中
録画中
録画中

整体マッサージ
首・肩・腰・背中など各種痛みを解消します…
足 裏コース 30分
オイルコース 60分 8000
初めての方に

なぜ中国系マッサージが乱立したのか

ゲームセンターが次々と閉店していった八〇年代から九〇年代にかけては、マーケット時代からの事業者が老齢化に伴って引退する時期とも重なっている。二階の跡継ぎのいないオーナーたちが、所有する区画を次第に賃貸に出すようになっていった。

富成さんは、オーナーや商店会の意向を汲み、できるだけ空いたテナントに飲食業者を入れようと尽力したという。一時はカレー店や韓国料理店などが入居したが、どれも長続きしなかった。

再びシャッターが下ろされ始めた二階を蘇らせるようにして増えていったのが、中国人が経営するマッサージ店だった。

当初は「マッサージ以外の職種に貸して欲しい」という意向を持っていた区分所有者たちも、管理費の支払いがあるために、相場よりも家賃を少し高く設定したり、日本人の保証人をつけるという条件を課したりして、次第に中国系のマッサージ店へも貸し出すようになっていく。

先鞭をつけたのは、ビル内の日本人が経営するマッサージ店で働いていた中国人女性が、独立して開いた店舗だった。その店が軌道に乗ると、彼女は本国や日本に住む同胞を呼び寄せ、次々と新しい店を開いていく。その繁盛ぶりを聞きつけて、また別の中国人が出店する。そうやって、現在のようなフロアの半分近くを占めるマッサージ街は築かれていった。

「二〇〇三年（平成十五年）くらいから、本格的にバーっと広がっていったんです。昔からある日本人のマッサージ店の社長からは『お前が紹介したから、ここはおかしくなった』って言われてますけどね。今ではいくつか中国系マッサージ店のグループがあるから、できるだけ店同士で喧嘩しないように離れた場所を紹介するんですけど、仲介業者はうちだけじゃないから、空いている区画にどんどん入ってくるんです。ただ、区分所有の方々も再開発を見据えて、持っていた方がいいだろうという損得勘定が働いているから、相続の問題がない限りは売らないですね。だから現在のマッサージ店も、ほとんどが賃貸ですよ」

パイオニアの中国人女性が経営する店のグループは、現在二十店舗近くにまで増えている。だが、サービスにも値段にもほとんど差のないマッサージ店がこれだけ密集していて売り上げが立つのだろうか？

マッサージ嬢から経営者となったその中国人女性に話を聞きたいと富成さんに相談すると、「旦那さんが毎日来ているから、すぐに捕まえられるんじゃないかな」と教えてくれた。

後日、散髪に通っている〈ニュー新橋バーバー〉の理容師、塩田道治さんにも話してみると、同じように「すぐに見つかると思うけどな」と、四軒ほど離れた店で顔見知りのマッサージ嬢

に「社長、連絡取れる？」と声をかけ、その男性を呼び出してくれた。

ほどなくして現れた姿勢の良い初老の男性は、上半身に白衣を着て、髪を七三に分け、一見すると熟練マッサージ師のようだった。取材をさせて欲しいと伝えると「何？　何が聞きたいの。話してもいいけど、質問、書いて持ってきて」と早口で捲《まく》し立てられた。

今ではほとんど新橋に来ないその中国人女性に代わって、実務一切を担当しているという男性に、その経営方針を聞きたかった。

「なぜニュー新ビルに同じような店舗をいくつも持つのか？」「客の取り合いにならないのか？」「マッサージ嬢はどうやって集めているのか？」「性的サービスをしている店があるか？」など、質問項目を書き出し、数日後に同じ店で男性を呼び出してもらう。

「同じような店だからって、例えばひとつの店で一日一万円稼げたら、十店あったら十万円でしょ？　掛け算でわかるじゃない。お客さんだって選べたほうが楽しいでしょう。女の子たちは、いろいろ。中国から来て働いている子もいれば、日本にずっと住んでいる子だっているし、日本人だっているから」

訝《いぶか》しがる表情を崩さずに、なんでそんな単純な計算ができないんだとでも言いたげに、片言ではないが流暢《りゅうちょう》でもない日本語で短く答える。それぞれの店の経営スタイルについても、「問題ない」としか言わない。「性的サービスをしている店があるか？」という質問には、「そんなものないよ」と即答した。

ほんの十分ほど話すと、「もういいね」と有無を言わせず男性は行ってしまった。それは疚《やま》しいことがあるからというよりも、二階のマッサージ街に批判的な人たちにうんざりしているという感じだった。

十年ほど前に入国管理局による摘発が行われるまでは、二階のマッサージ店で働く中国人たちの中にはビザを持たない不法労働者もいて、店内のベッドで寝泊まりをしていたという。

いまも申請を出せば店に泊まることはできるが、本来、通路に出ての客引きはニュー新橋ビルの規則で禁止されている。だが、時には向かい合う店のマッサージ嬢が通路に出て、客を取り合って大声で喧嘩をしていたりもする。それだけにマッサージ街をよからず思う人たちがビル内にはいるのだろう。

「そんなものないよ」と軽く否定されたが、店の方針なのか個人の判断なのか、〝スペシャル〟なマッサージを行っている店も確かにあり、マッサージ中に下半身に手が伸びてくることもある。「マッサージ、気持ちいいよ」という呼び声の後に小さな声で「スペシャルあるよ」と囁くマッサージ嬢もいる。

都心のエアポケット

ほとんどの店の入り口には小さなカウンターがあり、そこに三、四人のマッサージ嬢たちが溜まっている。一つの店舗に平均三人のマッサージ嬢がいるとして、単純計算で百人近い中国人女性が二階で働いていることになる。

店内の配置は少しずつ違うが、すべてのマッサージ店には、レールカーテンで仕切られた簡易ベッドが三〜四台並んでいて、空いている時にはそこで昼寝をしている嬢もいる。以前の業態の名残りなのかピアノが置かれている店もある。

誘われるままに薄暗い店内へと入っていく。うつ伏せの時に顔を嵌《は》められるように丸く穴の開いたベッドの上にはパジャマのような服が置かれていて、「それに着替えて」と促される。オイルマッサージの場合には、小さく丸まった紙パンツを渡される。漢方薬のようなオイルの香りが部屋中に充満し、都心のエアポケットのような隔絶された空気を作り出している。

着替えを済ませてベッドに横たわると「何分にする？」「どこ疲れてる？」と矢継ぎ早に質問されて、強めの指圧マッサージが始まる。当然ながらマッサージの技術には当たりハズレがあるのだろうが、私は今までに大当たりの経験がない。

けれども、一時間ほどベッドに横になって、天井に付けられたパイプの手すりにつかまったマッサージ嬢に背中を踏みつけられていると、なんだかバカバカしくなってきて、私はいつも笑いそうになってしまう。世情が遠くなり、仕事もどうでもよくなって、眠ってしまう。

マッサージの合間に「仕事、休み？　まだお昼よ」とか、「体硬いね〜。運動不足ね」とか、片言の会話を交わす非日常が、次第に私の日常に組み込まれていった。

ストッキングを穿いたサラリーマン

いくつかのマッサージ店に通ううちに、少しずつ仲良くなったマッサージ嬢が何人かいる。

流暢な日本語を話す福建省出身のユウさんは、日本語学校に二年通い、その後、経理の専門学校で勉強をしてから神戸のケーキ屋で五年間働いていた。会社員である夫の都合で東京に引っ越し、近所の中華食材店に置いてあったローカル新聞の求人欄で、マッサージの仕事を見つけた。

日本に来て十年。いつか故郷の街でケーキ屋さんを出すのが夢だという。二児の母である彼女は、ミニスカートを穿いていない。

「お客さんから〝スペシャルで〟って言われたら、私、怒るよ。ウチはそういう店じゃないって。そういうことしている人がいるのは知ってる。お客さんが教えてくれるから。私はしない。そういうサービスして欲しいなら、すぐそこにあるじゃない、風俗の店。でも変なお客さんも時々いるよ。長いコートを着て店の前をウロウロしてたお爺さんに声をかけたの。着替えを渡してコートを預かろうとしたら、中にワンピース着てた。びっくりしたよ。後はね、普通のサラリーマンの人がスーツを脱いだら、ストッキング穿いて、自分の身体を紐? 縄? で縛ってあった。それは本当にびっくりした。でも普通にマッサージしたよ。だって誰かに見せたかったんだと思うから。私は買わないような、すごく良いストッキングだったの覚えてる。その人は、今でもたまに来てくれるよ」

ユウさんは優しくて、どんな客にも分け隔てがない。

マッサージの料金は十分千円が相場だが、オイルマッサージは料金が上乗せされる。

「稼ぐ人は月に六十万円以上稼ぐ。一日に二万円が合格ラインかな。何時間マッサージしたかの歩合だから、頑張れば頑張っただけ儲かる。稼ぐにはいい仕事だと思うよ。福建省の女の子はみんな働き者なんだよ。一生懸命働くことが良いことだと思ってる。だから歩合の仕事は向いてるね」

そうユウさんは笑うが、同郷ばかりが店にいるわけではない。そもそもユウさんが働く店のオーナーは大連出身であり、日本人が想像するほど彼女たちの同郷意識は強くない。けれど、想像通りの大陸的な鷹揚《おうよう》さはみな持ち合わせていて、マッサージの最中でもずっと同僚と中国語で世間話をしている。「今、何の話をしていたの?」とベッドの穴から顔を上げて日本語で聞くと、「何でもないよ」と笑いながら、「美味しい店があったの」とか、「最近観たドラマの話」と教えてくれる。

なかには子どもを店に連れてくるマッサージ嬢もいて、ユウさんの三歳の息子にも会ったことがある。

居酒屋と理容店と風俗店が軒を並べ、マッサージ嬢が客引きをする通路で中国人の子どもたちが遊んでいる。まるで〈むさしや〉の鈴木さんが語っていたマーケット時代の路地裏のように、ニュー新橋ビル二階では今も商売と生活が密接に繋がっている。

名前を教えてくれない呼び込み嬢

もう一人、二階に行くといつも挨拶を交わす呼び込みの女性がいる。年齢は三十代後半だろうか、名前を聞いても私を怪しんでいるのか教えてくれない彼女は、けれどいつも私の顔を見かけると手を振りながら近寄ってきてくれる。

重慶近郊の出身で、数年日本に暮らしているのである程度の日本語を理解していて、二つの店舗を受け持つマネージャーのような立場らしく、自分ではマッサージをせずに通路を行ったり来たりしながら客引きをしている。誘いに乗って一度だけ彼女の店でマッサージを受けたが、スペシャルなサービスはない健全な店だった。

その日は三階の喫茶店〈カトレア〉での打ち合わせを終えて、午前十一時前に二階を通りがかると、出勤したばかりの彼女は店の前の小さな椅子に座ってヘアアイロンを長いストレートの髪にあてていた。タイトなミニスカートにロングヘアは、彼女たちにとって客を招き寄せるためのユニフォームのようなものらしい。

昼過ぎに再び店の前を通りがかると、居酒屋〈初藤〉でテイクアウトしたトレイに載った焼肉定食を、カウンターで立ったまま食べていた。

「座って食べたら？　お客さんもほとんど通らないんだから」と言っても彼女は頑《かたく》なに立って食べ続け、たまにサラリーマンが歩いてくると箸を持った手で客引きをしている。

彼女たちは店内で食事をとることが多いらしく、弁当を持ってきたり、簡易コンロがある店では簡単な炒め物をしていたりする。別の店の女の子に自家製の漬物を味見させてもらったこともある。

名前を教えてくれない彼女は、いつ会っても「暇だよ〜」と言いながら、「春節で女の子たちが帰っちゃうから、大変」とか、「日本も景気悪いね、私も国に帰ろうかな」とぼやいている。いつも挨拶程度に他愛ない世間話をするだけ。マッサージを受ければ、つまり金を落とせばもっとゆっくり話をしてくれるが、どれだけ顔見知りになっても、マッサージを受けないと世間話もそっけない。ただそのドライさが、逆にちょうどいい距離感となって、ついまた会いに行ってしまう。

「どうして新橋で働いているの？」と尋ねると、「だって新橋以外は、私、ほとんど知らないから」と彼女は言った。「お金稼いでどうするのさ？」と続けると、目を逸らして黙った。

ある夜、ニュー新橋ビルがもうすぐ閉まる二十三時過ぎに店の前を通ると、ちょうど帰り支度を終えた彼女が出てきたところだった。「疲れたよ〜」と笑う彼女は、すでに十二時間以上ビルの中で働いていたことになる。ミニスカートではなくデニムに着替え、落ちついた普段着に戻っていた。

もうエスカレーターは止まっていたから、一緒に階段で下りてビルの外に出ると、終電にはまだ少し時間があったが、それでもＳＬ広場を急ぎ足で抜けていくサラリーマンたちが、駅へと向かう一方通行の流れを作っていた。

「私、山手線だから」と彼女は手を振って、その流れに乗って駅へと吸い込まれていった。

狸小路共栄会
小料理
二階
椿油の
天ぷら
小料理
立花
リオン

場
もかげ

第三章 〝裏新橋〟の入り口に立つ

ビルの地下にある裏路地

新橋駅東口には、一九六六年(昭和四十一年)に竣工した新橋駅前ビルがある。一九七一年(昭和四十六年)に建ったニュー新橋ビルはそれよりも新しいから、〝ニュー〟がつく。新橋駅前ビルこそが東京都の再開発事業の第一号だった。

終戦直後に西口に闇市が立ち、関東松田組によって「新生マーケット」が整備されたのと同じように、東口でも闇市を整理する形で「新生商店街」と「国際平和マーケット」と呼ばれる二つの木造マーケットが建設された。

現在では「新生商店街」があった場所に新橋駅前ビル1号館、「国際平和マーケット」があった場所に2号館が建っている。

長屋のようなマーケットには西口同様、多様な業種が入居していた。一九五四年に作図された火保図には、スシヤ、床ヤといった業種が小さな飲み屋に挟まれるようにして示されている。その多くは、間口一間、奥行一間半。地図には「新橋ビル富士観光協会」という〝ビル〟がマーケットの端にあり、その脇に小さく書かれた「物置」と店一軒の広さが同じサイズだった。カウンターだけの小さな飲み屋が肩を寄せ合うようにして密集していた。

ほとんどの店はもう存在しないが、喫茶店〈小川軒〉や文具店〈明文堂〉など、今もビル内に残る店もほんの少し記されている。

「新生商店街」の地所の管理は、一九四七年に〈新生社〉と称する会社から〈吉村商会〉へと引き継がれ、その一帯は「狸小路」と呼ばれるようになる。明治期、鉄道を敷設する際に親子の狸の巣を見つけた作業員が小屋を建て、みんなで可愛がっていた。しばらくすると狸はどこかへ行ってしまったが、今度は人が集まってきて、その小屋で酒を飲み始めた、という逸話が狸小路の名前の由来。

同時期に再開発の計画が立案されたにもかかわらず、新橋駅前ビルの建設がニュー新橋ビルに先んじて始まったのは、〈吉村商会〉が地所を管理していたために権利関係が比較的明確だったからだと言われている。西口では新橋商事がまとめたとはいえ、土地所有者と店子との契約が複雑に入り組んでいて、曖昧な部分が多かったのだ。

新橋駅前ビルは、狸小路にあった小さな店をすっぽりと収める形で建てられている。〈吉村商会〉を祖父の吉村剛から引き継ぎ、現在、新橋駅前ビル管理組合の理事長を務める川田圭子さんに、その経緯を聞いた。

「狸小路でお店をやっていたみなさんをビルにお入れする際に、地下一階、地上一階、二階とそれぞれのご希望をお聞きしているんです。なので、今でもうちで管理している区画は、階がばらけています。例えば地下一階だとお店がたくさん並んでいるメインの通りの片側が、うちが持っている区画です。地下一階には裏通りのように狭い路地があるんですけれども、それは狸小路にも隠れ家的な店が裏通りにいっぱいあったので、そういう裏通りをビルの中にも作ってほしいという要望で出来たんです。当時は大きな企業の方がこっそりと馴染みの女性の店に通っていたりしたらしいんですね」

裏通りはやっと人がすれ違えるほどの幅で、その狭さがかつてあった横丁の空気を偲《しの》ばせる。

「祖父が狸小路を始めた頃には、戦争未亡人の方が一人でお店をやっていらして、いろいろとご相談に乗っていたそうなんです。広い区画だと、お家賃もその分たくさんいただかなくてはいけないから、小さな区画に分割してお貸ししていたらしくて。私が引き継いだ二〇〇〇年頃までは、まだ当時から残っていらっしゃる戦争未亡人や踊り子さんだったという方がいて、

『女一人でお店をやっていたから、あなたのおじいさんにずいぶん助けられたんです』とおっしゃってましたね。ずっと昔の話だと思っていたから驚きましたけれども」

「女一人でお店を」という言い回しにはどこか慎ましい響きがあるが、八十歳で引退した「狸小路」時代を知るあるママは、周囲に大企業が多い立地のおかげで、娘を留学させ、別荘を手に入れられるほど稼いで「おかげさまで、いっぱい儲かりました」と言って店をたたんだという。

戦後の混沌を生き抜いた末に迎えた景気の良い時代の話ではあるが、川田さんは「それだけ、新橋駅前ビルがデザイン的にも画期的で、多くの紳士が通ってくださるビルだったということだと思います」と言った。

新橋駅前ビルは、早稲田大学の大隈講堂を手がけたことで知られる佐藤武夫が設計し、外壁にはガラス窓が一定のリズムを刻むように多用されている。通路は広く設定され、一階入り口には大理石のカウンターに受付嬢が座っていた。ニュー新橋ビルは、新橋駅前ビルのこの広い通路を参考にし、混雑して見えるようにあえて狭くしたという。

「当時は、本当におしゃれなビルでした。今はなんだか薄汚れてしまっているけれど」

かつて狸小路で戦争未亡人や踊り子が営んでいた小さな飲み屋は、今もそのままのサイズで残され、客として通っていたＯＬが転職してママとなって店を引き継いでいたりもする。

図書館司書だった立ち呑み屋のママ

私は酒がほとんど飲めないために、新橋駅前ビルの地下フロアには心理的に距離があった。巨大な舞茸天が名物の立ち食いそば屋〈おくとね〉と、喫茶店〈パーラーキムラヤ〉に寄る以外には、用のない場所だった。

地下街に面白い飲み屋はないかと知人に相談すると、酒も飲めないのになぜ新橋のビルを取材しているのかと問われたが、戦後と地続きにあるビルと、結局はその当時から変わっていない人と街の交わりに興味があるのだと言うと、新橋駅と地下通路で繋がっている1号館入り口すぐにある、たち呑み処〈たこ助〉を教えてくれた。

店の広さは、まさしくマーケット時代に戦争未亡人が経営していた飲み屋と同様、間口一間、奥行一間半ほど。折りたたみ式カウンターを伸ばしたとしても、十人で囲めばぎゅうぎゅうになってしまう。この〈たこ助〉が、私にとっての新橋駅前ビル地下街の入り口となった。

店内の天井からは駄菓子の詰まった籠がぶら下がっている。カウンターのケースの中には駄菓子のおまけのようなフィギュアがいくつも転がり、店の奥にはたこの提灯が置かれている。

壁のメニューの脇には「のみもの、おつまみは　お金とひきかえなのよん」と貼り紙がある。

ジンジャーエールを頼むと、ママは顔を俯《うつむ》けたままジロリとこちらを見て「はい」と言った。酒が飲めないことに対して何を言うでもない。すこぶる愛想が良いわけではないが、威圧感があるわけでもない。何か飲み物を頼んで静かに飲んでいる分には受け入れられている感覚があった。

カウンターに「ご安全に」と書かれた立て札を見つけて、「これは何ですか？」と聞いてみると、「その言葉に惚れ込んじゃって、使わせてもらっているんです、お帰りの際に。酒場でも現場でも、どこでもなんでも『ご安全に』って」と想像よりも柔らかい口調で返ってきた。

〈たこ助〉のママ、阿部志温子さんは、二十年ほど前に立ち呑み屋を始めるまでは多摩美術大学で図書館司書として働いていた。「もう飲んだ飲んだ、だから何の悔いもありません」というほど酒が好きで、「デスクワークは眠くなるから」と十年以上勤めた司書の仕事を辞めた。

「京王電鉄に知り合いがいて、駅事務所の中にいたら券売機にコインがガンガン落ちてくるんですね。それでちょっと興奮しちゃって（笑）。小銭と言ったって、あんなにガンガン落ちてきたら結構なことかなって。やっぱり日銭って面白い。それで日銭仕事をやってみたいっていう衝動に駆られちゃったんです（笑）」

立ち呑み屋を開くなら「やっぱり神田か新橋か」と漠然と不動産屋を回っていた時に、新橋

ご安全に
西牟田靖

駅前ビルの地下街に、たった一坪の店舗が賃貸に出ているのを見つけた。

家賃は二十万円だったが、実際に契約して店を始めてから調べてみると、相場よりもかなり割高で、大家だと思っていたお婆さんが、実は〈吉村商会〉から借りている区画を又貸ししていたことが発覚する。

闇市時代には青森からヤミ米を運び、娼婦に部屋を貸しながら生き抜いてきたというそのタフなお婆さんに陳情に行くも、自身の半生を交えながら逆にお説教されてしまう。仕方なく裁判所で調停を頼んでも埒《らち》があかず、いよいよ告訴に打って出るしかないという段階でようやく折れてくれたという。

「でもね、あんなに面白いお婆さんは他にいなかったですね、私の中では。女の人はこうやって生きていくんだって教えられたようで。あの語り口を聞かせたかったな。女の一代記みたいな感じでね。私が店を始めた当時は本当にいろんな個性的なママさんたちがいて、みんな元気でしたね」

裏には裏の顔がある

短いカウンターの端には小さな本棚があって、『俘虜になった大本営参謀』『股間若衆』『赤

塚不二夫　実験マンガ集』など、一見無作為なように見えて、どこか同じ匂いのする本が数十冊並べられている。元図書館司書だからというわけではなく、常連がママの好きそうな本を持ってくるうちに溜まっていったものだという。

その中からママが「古い新橋のことを調べているならば参考になるかも」と、『戦後の貧民』（塩見鮮一郎）を取り出してくれた。

そこには、庶民の立場から見た戦後の復興の歴史が綴られていた。七歳で終戦を迎えた著者の母もまた戦争未亡人であり、その実体験から書かれた項もある。戦後新橋の変遷についても記されていて、狸小路時代の木造二階建て長屋と対比して、〈たこ助〉の写真も掲載されていた。下層から社会を眺める視点は示唆に富み、歴史が断片としてあるのではなく常に地続きにあることを教えてくれる。原爆被災者や孤児、シベリア抑留された兵士たちについても書かれていた。

〈たこ助〉の壁には「引揚七十周年　記念の集い」というポスターと、メニューに並んで、樺《から》太《ふと》（サハリン）の地図も貼られている。不思議に思い尋ねてみると、母親が樺太からの引揚組で、阿部さんは自身のルーツを探るべく、実際に樺太を旅行したこともあるという。

「成田から直行便も出てますから、今は普通に行けますよ。一昨年、行ったときに金髪のハイヒールのガイドにやられちゃって。全額払い込んだのに『私、電車ダメなんです』って言われて、予定が全部狂っちゃって、結局何も見てないんです。まあ廃墟しかないような場所ですけど。ロクなものも食べられなかった（笑）。頭にきましたけど、それでもやっぱり極東は仲良くしたほうがいい」

常連から親しみを込めて〝たこママ〟と呼ばれる阿部さんは、戦後の闇市に始まるビルの歴史にも非常に自覚的であり、その面白さを引き継ぐようにして立ち呑み屋を営んでいる。だからこそ、たこママの元には新橋の庶民史とも呼ぶべき、記録には残らないような、けれど興味深いリアルな情報が集まってくる。

「新橋と言えばやっぱりSL側（西口）じゃないですか。私は勝手にこっち（東口）のことを〝裏新橋〟って呼んでいるんですけど、裏には裏の顔がある（笑）。

このビルが出来たばかりの頃は、ハッテン場になっていたと聞いています。うちの店からまっすぐ行った奥のトイレがまさにそうで、当時はいちばんオシャレでキレイなビルだったから、気持ちはわかりますよね。鹽竈《しおがま》神社のあたりに着替え部屋があって、『そこに男の人が入っていくと、女の人の格好になって出てきた』なんていう話も聞きましたね」

思い出すのは、ニュー新橋ビルのマッサージ嬢ユウさんから聞いた、コートの下にワンピースを着ていた初老の男性の話だ。店に入ろうかと逡巡《しゅんじゅん》する姿は、まるでかつての新橋の風情を追い求めているようではないか。

たち呑み処
たこ助
朝日
カテキン茶割
プレミアムサワー
takosuke
ハイボール、
あります。
SAPPORO

「うちにもゲイのお客さんがいらっしゃってましたよ。飲んでるとだんだん小指が立ってきて、隣のお客さんがウッとか言ってるんです。面白いから黙って見てると、裏に引きずり込まれていったりして（笑）。

〝サラリーマンの街〟なんてよくひとくくりにされてしまうけれど、東に行けば銀座があって、南には汐留、ストレートに北に上がれば官庁街。だからこの街にはいろんな人がいるに決まっているんですよ。築地が元気だった頃には、昼から飲める店で泥酔して、ビール瓶持って血みどろになって暴れている人がいたり、みんな威勢良くやってたって聞いてますから」

ディープな新橋を体現するバー

たこママに地下街に面白い店はないかと尋ねると、往年の新橋のディープさを体現している店としてまず名前が挙がったのが、数軒離れた並びにある洋酒居酒屋〈ぺちか〉だった。

「とても素敵なバーですよ。でも、あそこはちょっと普通じゃないですから。最初から『お友達価格にしてね』って千円札を一枚置いて一杯飲ましてもらうんです」

新橋の深みを知るたこママのお勧めならば、行かない手はない。

店の外には、ウィスキー樽をモチーフとしたメニュー表が掲げられている。「オールド50

0円」「リザーブ600円」、「J.ダニエル」は値段が剝がれ、小さなシールで700円と上書きされていた。

開け放たれた木枠の重厚なドアから店内をうかがうと、薄暗いカウンターにマスターらしき男が一人立っていて、「どうせお前は入らないんだろう」と訴えかけるような鋭い眼差しが暗闇に光っている。たこママに勧められていなかったら怯《ひる》んで通り過ぎてしまっただろう。

「あの店はね、立ち向かっちゃいけない。寄り添うの」

たこママの言葉を思い出して店に入る。

カウンターに通され、私はコーラ、同行の知人がウィスキー、さらにオーセンティックな内装からすると意外なほど和風なメニューの中からエイヒレを頼む。

マスターは私のコーラを先に出すと、氷を入れたグラスに目分量でウィスキーをドボドボと注ぎ、もう一つ自分のグラスを用意して、同じように注いだ。

「じゃあ、乾杯ということで。本日よろしくお願いします！」

マスターは想像していたよりも数段テンションが高く、ほとんど一気のようにグラスを空けた。とても気さくで、入る前に感じていた威圧感はまるでなかった。

〈ぺちか〉は、新橋駅前ビルができる以前には狸小路に店があり、一九六六年の竣工と同時に、地下街に店を構えた。当時の金額でおよそ千二百万円をかけたという木材を多用した内装は、

五十年以上を経過した今でも古びず、むしろ経年変化によって深みを増している。幅の広い一枚板のカウンターには腕をもたせかけると収まりが良いようにくぼみが彫られ、美しい湾曲は酔客に触られ続けた証のように、ツヤを帯びていた。

一杯飲んで口の滑らかになったマスターが店の来歴を教えてくれる。

「うちの祖父《じい》さんはね、有名な建築家なんですよ。ぶっちゃけて言うと。石本喜久治先生って、建築に詳しい人ならすぐにわかる。朝日新聞社の本社を設計した人で、うちの親父も建築家。それで金かけて店の内装をやったわけ。他所《よそ》に女を作って遊んでいたから、母親への罪滅ぼしじゃないけど、この店を作って。だからまあ私はボンボンなんですよ、はっきり言って。ロクなもんじゃないの」

そう自嘲気味に話してから、いつも母親が立っていたという場所にウィスキーを注いだグラスを置き、

「まあ、よく飲むんだ、うちの母親がまた。なので献杯！」

そう言って、杯を重ねる。

いまは亡き母親は、この地下街の「ビッグママ」として、周囲の店からも頼られる存在だったという。

かつてはカラオケがあり、オーセンティックな内装のこのバーで、和装の「ビッグママ」を

囲んで酔いどれたちが歌っていた。今ではカラオケの代わりにカセットテープが積まれていて、終電を過ぎた遅い夜には、マスターの趣味である八〇年代ロックの大合唱になる。

マスターは我々の後にやってきたサラリーマンにも、シングルの注文に対して、ドボドボとウィスキーを注いで、「これはサービスなんですか？」と確認されると、「まあまあ、そんなようなもんです」と答えを濁していた。

会計時に、なぜたこママが最初に千円札を置いて「お友達価格にしてね」と言うのかを知ることになるのだが、その鷹揚さも、地下街の深みのようにすら感じられる。

酔いの回ったマスターは、いかに母親は酒が強く、深夜まで飲み続けていたのかを繰り返している。

〈ぺちか〉は遺産というよりも、母親の存在そのものなのかもしれない。マスターは、ビッグママの幻影をずっと守り続けている。

地下街は平和な長屋になった

「ビッグママ」が健在だった、〈たこ助〉が開店した当時の地下街では派閥争いがあって、たこママ曰《いわ》く「あっちのママが向こうの店に怒鳴り込んでいる」ような光景が日常茶飯事。「週刊で、ゴシップ雑誌出せますね（笑）」というほどの活気があった。

「最初の口は怖くて、やっぱり立ち呑み屋なんてできないと思ってシャッター閉めたまま店にいて、トイレに行ったら他の店のママさんが『扉開けないと一銭も入ってこないのよ』って。そりゃそうだと納得して開けました」

図書館司書から転職した素人同然の新人ママに対して、当初は風当たりも強かったが、次第に〈たこ助〉には同業者たちも気軽に立ち寄るようになっていく。

「2号館の立ち呑み屋の社長が半分シャッターが閉じたうちの店を覗き込んで、『荒稼ぎしているらしいじゃないの、お嬢ちゃん』って探りに来たりもして。わざとシャッターに頭をぶつけて帰るんですけど、面白かったですねえ」

今では永世中立国のように、往年のママたちが店を閉めた後に一杯飲んでガス抜きをする店になっている。

「砂糖を借りたり、大葉三枚くれって言ったり」、長屋のような近所付き合いは今も変わらない。けれども、先輩のママたちも歳を取り、「何か要らぬことを言うような元気はもうないかもしれない（笑）」。

二十年前に比べると、新橋駅前ビル地下街は平和になり、店に来る客層も変わった。

「とにかく団塊のお父さんたちがいなくなりましたよね。いや、リタイアした後にもたまに来てくれてますけどね」

〈たこ助〉は常連客に支えられている店だ。夕方、口開け直後に訪れても、ほぼ必ず先客がいて、軽く会釈をしてからたこママに注文をすることになる。

ジンジャーエールを飲みながら黙って棚の上に置かれたテレビを見上げていると、たこママがボソッとその日のニュースにツッコミを入れ、そのくだらなくも的を射た批評が呼び水になって、多様な職種の客同士が会話を始める。友人の、そのまた友人の家でテレビを見ているような、ほんの少し近い他人の関係が飲んでいる間に作られていく。

プレイヤーは入れ替わっているのだろう。百戦錬磨のママたちは店を閉め、団塊の世代はリタイアして新橋に通わなくなった。けれど、その小さなカウンターの中から覗く世界は相変わらず〝裏〟新橋らしい情緒にあふれ、また新たな物語を醸成していく。

たこママは時代の趨勢《すうせい》をジロリと眺めながら、煤《すす》けた虹色の新橋を慈しんでいる。

第四章　カプセルホテルに暮らす演歌師のブルース

北島三郎が渋谷で流していた時代

平日の午後四時半頃、〈たこ助〉で話をしていると、「あ、あの人、知ってる？　流しのケンちゃん」と、たこママが通りに視線を向ける。

振り返るとツイードのジャケットに太めの黒いスラックスを穿き、大股でゆっくり歩いている初老の男性がいた。

「あの人も古いですよ。ずっと新橋で流しをやっている人だから」と言われ、慌てて走って追いかける。すぐに追いついて話を聞かせて欲しいと声をかけると、「ああ、これから仕事だから今度な」と素っ気なく言って、名刺を渡して去っていった。

その佇まいは、チンピラと呼ぶには身なりがスマートすぎるが、目つきは鋭く、堅気の職業にはとても見えない。独特のオーラを纏《まと》った後ろ姿を見送り、また〈たこ助〉に戻った。

名刺には白いシャツにギターを構えた写真が刷られていて、その脇に太文字で「流しのケンちゃん」。「新橋で唯一人の演歌師　流し歴五十数年　レパートリー数千曲　ご宴会・旅のお供に」とあった。本名、須賀慶四郎。

待ち合わせは、新橋駅前ビル１号館二階、〈一花草〉というカウンター八席ほどの小さな飲み屋だった。昼飯を食べによく通っている〈ビーフン東〉の隣にあり、これまで何度も前を通っているのに酒を飲まないせいで意識したことがなかった。

入り口の椅子にはギターが置かれ、カウンターに座る常連が、奥にどうぞと席を空けてくれる。四十歳前後だろうか、美人のママは慣れたもので、飲み物を用意すると、すっと気配を消す。ケンちゃんはほんの少しだけ焼酎を垂らしたウーロン茶を頼んだ。

流しのケンちゃんこと須賀慶四郎さんが高校を中退し、大田区池上に嫁いでいた歳の近い姉の家に身を寄せようと故郷の群馬から上京したのは一九六二年（昭和三十七年）のこと。

「親からくすねた金を持ってまず渋谷に遊びに行って、みんな巻き上げられちゃった（笑）。東京って知らないからさ。まだ十六歳かそこらだから。ふらふら歩いていると、今で言う立ちんぼが客引きしてる。みんなネグリジェみたいな、おっぱいやあそこのお毛々が見えるような

ピ

エスカレーター

格好で『坊や、おいで』なんて言うんだよ。『坊やって、僕のこと?』って聞くと、『そう、お金持ってる?』って。『僕、持ってるよ』って応えたら、呼び込まれちゃって。いいカモ。そんでスッテンテンにされちゃった」

ケンちゃんは、六十年前の渋谷の光景が目に浮かぶような、情感たっぷりの語り口で話を紡いでいく。

「途方に暮れて渋谷の街を歩いていたら、ギターの音色が聞こえてね。当時、渋谷には流しが百五十人くらいいたから。ちょうどサブちゃん(北島三郎)が流しからテレビ歌手になった、そんな時代。道玄坂あたりは大和田町といって、渋谷には屋台が全部で二百軒くらいあったの。流しの稼ぎ場所というのは屋台なんです。一軒一軒にみんな流しがいて、どこの屋台もみんなギターの音色。それで、流しのお兄さんに電車賃借りようと思って声をかけたら、『お前、初めての俺に金を貸してくれたぁなんだ、馬鹿野郎』って怒られて。事情を話したら『しょうがねえなあ、貸してやる。で、お前、歌えるか?』って。知ってる曲を聞かれて、松島アキラの『湖愁』というデビュー曲があるの。それだけなんとなく覚えてたからそう言うと、『じゃあ、俺が伴奏してやるから歌ってみろ。うまく歌えたら返さなくてもいい』って。俺は一生懸命歌ったの。そうしたら『お前、俺の子分になれ』って、それがきっかけ」

新橋ほどの天国はない

兄貴分になる男とのドラマチックな出会いを経て、ケンちゃんは「流しの組合」に入会する。渋谷、新橋、新宿、繁華街にはそれぞれに「組合」があり、縄張りを守らなければ勝手に流せない。流しは元締めに売り上げの一部を納めて営業をしていた。

「新人の頃は部屋住みだよね。まだ何もできない、昨日今日の流しはみんな輪になって、その真ん中に一人前になったトップクラスが竹刀《しない》を持って立ってる。宿題が一日三曲。丸暗記でいいから歌詞を覚えてこいって。毎日テストがあるわけ。先輩が『おい、ケン。お前、昨日の『人生劇場』の歌詞を一番から』って立たされて、『そらで言ってみろ』って。先輩はずるいんだよ、自分は本見てる。『一番、やると思えばどこまでやるさ　それが男の魂じゃないか　義理がすたればこの世は闇だ　なまじとめるな　夜の雨』って諳《そら》んじると『おお、できた。じゃあ二番行け』って三曲分やらされて、間違えたら竹刀でコツーンとやられる。『バカ野郎、こんなんで流しができるか』って」

「一万五千曲覚えるまでは一人で歩けなかった」とケンちゃんは言うが、さすがにそれは大袈裟だろう。一日三曲覚えても、十三年かかる。それでも当分の間は先輩について歩き、稼いだ金の大半は事務所と先輩に持って行かれる。ついて歩いた先の屋台での風当たりも強かった。

「『俺はお前を呼んで金を払うんだ、歌詞間違えたり、出だし間違えたり、顔を洗って出直してこい』って、ビールをぶっかけられたりね。流しでお金をもらうっていうことは甘くないんだ」

一九六六年（昭和四十一年）、四年ほどを渋谷で過ごした後、上京した日に声をかけた兄貴分が新橋に店を開いたのをきっかけに、ケンちゃんも街を変える。

ちょうど新橋駅前ビルの落成直後だった。一日五百円、一ヶ月一万五千円を「組合」に納めれば、あとは自分の取り分となった。当時、新橋には流しが九十人近くいて、ギターを持った父と三味線を持った母が幼い子どもを間に挟んで街を流す家族さえいたという。

新橋の流しを取りまとめていた組合長からは「日本全国、流しにとって、新橋ほどの天国はない」と言われたという。なぜなら、雨が降っても風が吹いても、新橋駅前ビルの中ならば商売になるから、「ビルに潜ればいい」と。

十八番は『悦楽のブルース』

五年後の一九七一年（昭和四十六年）、ニュー新橋ビルの落成式でケンちゃんは歌っている。

「今の汽車ポッポがあるところに舞台を作って、俺も含めて八十人が一曲ずつ十八番《おはこ》を歌ってね。新橋商事の一番の偉いさんが、俺の兄貴分を可愛がっていて、みんな当時の金で一万円もらって」

この「新橋商事の一番の偉いさん」とは、新生マーケットの立て直しを行い、のちに国会議員も務めた、初代港区長の井手光治のことだろう。

ケンちゃんは、その舞台で島和彦の『悦楽のブルース』を歌った。後にちあきなおみによってカバーされるこの曲は、一九六五年（昭和四十年）公開の大島渚監督映画『悦楽』の主題歌として使われたことなどを理由に、放送禁止歌として扱われていたが、今聴くと、なぜ放送禁止歌とされたのか理解に苦しむ。ただ、落成を祝う場には似つかわしくない、厭世的で悲しげなブルース。特に三番の歌詞が象徴的だ。

咲いて　咲いて　咲いて　咲いて
みたとて　明日は散る
今夜　今夜　今夜　今夜
かぎりの　狂い花
せめて今夜は　悦楽の

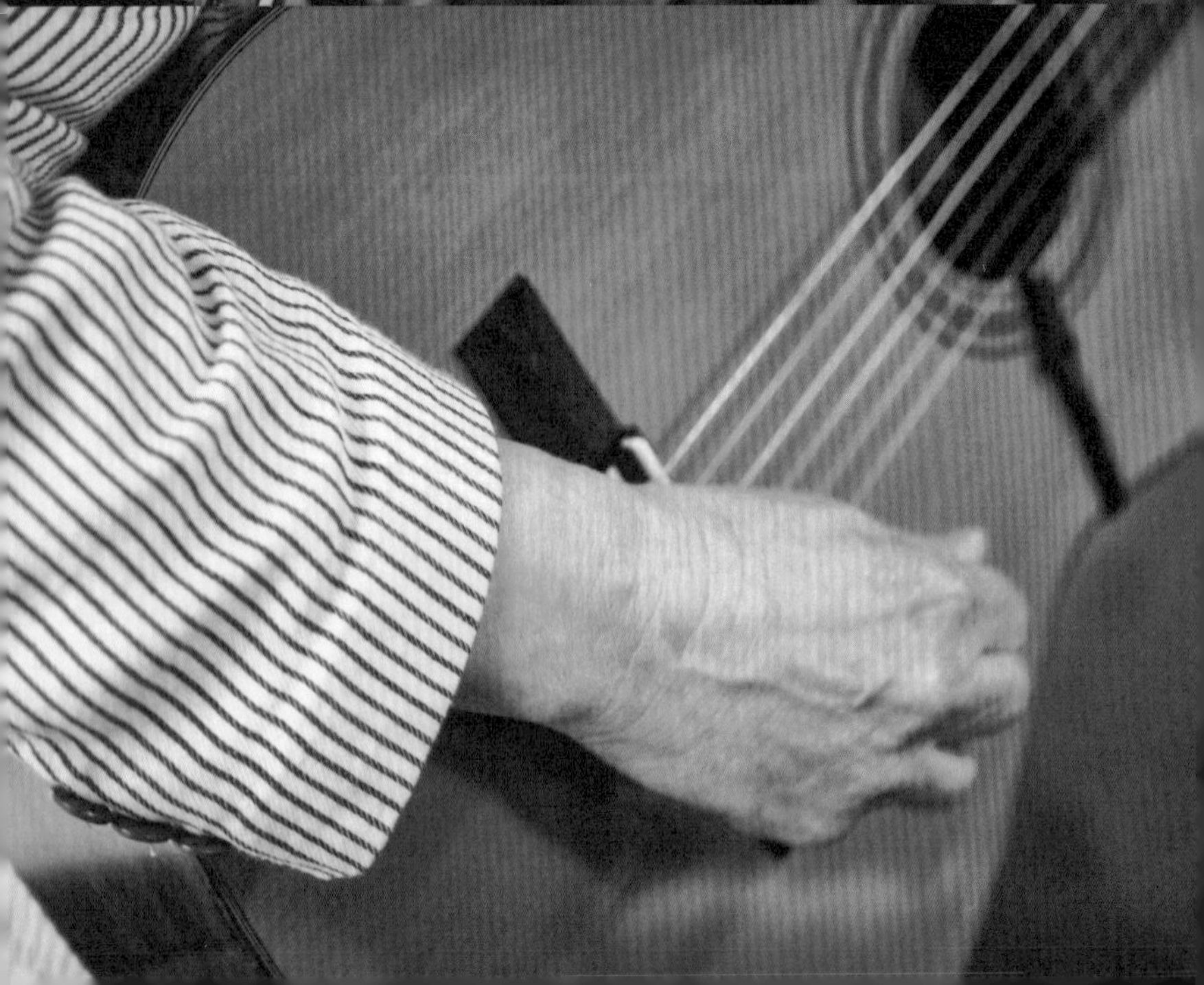

酒にしみじみ　酔いたいの

落成式で「咲いてみたとて　明日は散る」と歌ってしまった、当時のケンちゃんの心境を想像してしまうのは邪推だろうか。真新しいビルを仰ぎ見ながら、時代と少しずつ距離が離れていくことを感じていたのではないだろうか。

「昭和四十四、五年くらいかな、いちばん景気が良かったのは。『気に入った』なんて、ポンとチップをはずんでくれる。当時はライバルがいるから、やつには負けたくないとか、そういう負けん気もよかったんだろうね。逆に稼げた。今は俺しかいないから、もう独占企業でやりたい放題（笑）。なんてそんなことはないけどさ、もうどうでもいいやって心境だよ」

新橋最後のギター弾き

その後、流しが衰退していったのは、一九七〇年代後半にかけて8トラック、いわゆるハチトラと呼ばれるカセット式再生装置が出回り始めたからだった。このカラオケの元祖の流行によって、流しの歌を聴いていた時代が終わり、客が自分で歌う時代が始まる。

「女房子どもがいる仲間も多かったから、稼げなけりゃ食えないわけだ。だから商売替えをする。一人辞め、二人辞め、とうとう生き残った最後の一人が俺だ。俺はほかに能がないから。バカなんだよ。いつまでもギターにしがみついて」

そこまで話したところでケンちゃんは顔を上げて、周囲の客に「こうやっていいお客さんに恵まれているから、なんとかやってこれたんだよ」と太鼓を打った。

流しのギター弾きはいわば幇間《ほうかん》だ。客に気分良く歌わせて、チップをもらって渡世を送る。テンポや音程の狂う客の歌に合わせてギターを弾き、あらゆるリクエストに応える必要がある。店のママとも仲良くなって、拠点を作らなければならない。馴染みの店に顔を出しては座を盛り上げて、また次の店へと渡っていく。かつては「贔屓《ひいき》の店が三軒あれば、なんとか飯は食っていけた」というが、今はどうか。

「このビルが出来た頃は経営者がみんな、演歌の心をわかっていたからね、当時は稼げたよ。そういう時代だから。マスター連中が四十代、五十代で流しの時代を知ってるから『ケン、うちでかけろ』って。でも、俺を大事にしてくれた人たちはみんなあの世へ逝っちゃったからね。この店のママだって、四代に亘って俺は知ってるよ。どの店もそう。ずっと見てきたからね。『次のママに言っておくからね』って、辞めるときに言ってくれるんだよ。そうやって受け継いでってもらってる。

この仕事は好きも何も、やらなきゃ食っていけないんだから。声は出なくなるし、手は震えてくるし。一匹狼の仕事だから。我一人だから。まあ、それは自業自得よ。自分で選んだ世界だから、別にどうってことはない。死ぬ時は死ぬし、死ぬまでやるしかない。そう思って、俺は毎日、頑張っています」

話が途切れたタイミングで常連客から、「じゃあ、いつものヤツで」と声がかかり、『旅姿三人男』の伴奏をする。

プロはだしのその客は、朗々と歌い上げて気持ちよさそうな表情をみせる。ギターを構えたときには震えていたケンちゃんの手も、弦を爪弾く間は収まっている。演奏を終えてご祝儀を受け取ると、スッと懐にしまった。

寝床は一泊四千六百円

ケンちゃんは、もう十年以上、一泊四千六百円を毎日支払って、新橋駅前のカプセルホテルに住んでいる。支配人から許可を得て、クローゼット代わりにロッカーを百番から百六番まで独占し、衣類などの日用品をそこに収めている。最低でも宿代をご祝儀で稼がなければ暮らしていけない。

「でも、ホテルの方が楽なんだよ。前は一応彼女がいて、同棲してたんだけど、金を持って逃げられちゃった。それでもう十年寂しく一人、侘《わび》しい人生を送っています」

歌い上げた客が「そのわりに、笑顔がいい！」と合いの手を入れて元気づける。

カプセルホテルで寝起きしてビルに潜る、新橋最後のギター弾き。

「最後まで頑張ったのはケンちゃんだけだよって温かい目で見てもらえるしね、頑張ってればいいことがある」

そう言って、また顔を常連たちに向けた。


〈一花草〉でケンちゃんから話を聞いてから一ヶ月ほど経った頃、2号館にある立ち呑み屋での取材の帰りに、1号館の〈たこ助〉に寄ろうと地下通路に出ると、すぐ脇の薄暗く人気《ひとけ》のない階段にケンちゃんが俯いて座っていた。

声をかけていいものか一瞬迷ったが、体調が心配になって近寄ると、ケンちゃんは顔を上げ、視線をゆっくり定める。「誰だ？」というような表情に、先日話を伺った旨を伝えると「ああそうだった」と言って、少し頭を振った。「体、大丈夫ですか？」と聞くと、「うんまあ」と答える手が震えている。

仕立てのいいチェックのウールジャケットのポケットに震える手を突っ込んだので、酒を取り出すのかと思ったら、ペットボトルのお茶だった。一口含み、「いや、俺も歳だからよう」

と言い訳のように言う。靴はピカピカに磨かれ、襟元にはスカーフが巻かれていた。

「大丈夫だから」と追い払うように手を振るのでその場を離れたが、少し歩いて振り返ると、ケンちゃんはまた話しかける前と同じ姿勢でうな垂れて座っていた。

あの時、ギターは、脇に立てかけてあっただろうか。モノクローム写真のようにその情景は目に浮かぶのに、どうしても思い出せない。

第五章　ピンクの部屋に棲む蜥蜴

新橋は今も魔都なのか

建築設計事務所〈松田平田設計〉が手がけたニュー新橋ビルは、台形の四階建ての上に、長方形をした五階以上の上層階が一回り小さなサイズで載った構造になっている。四階に上がると屋上のようなテラスがあり、日中はビル内の飲食店の従業員がベンチに腰掛け休憩したり、サラリーマンが弁当を食べていたりする。

フェンスがあるためにSL広場を覗き込むことはできないが、空が広く抜け、開放感を味わえる。対岸には場外車券売り場に掲げられた競輪の広告が見え、頭上には巨大な〈洋服の青山〉の看板がある。テラスを歩いて行くと窓越しに雀荘で卓を囲んでいるマダムたちの様子が窺えたりもする。都会の隙間のようなこの空間で、時折、私は本を読んでいる。

その日は敗戦直後の焼け跡となった有楽町界隈を舞台にした『肉体の門』(田村泰次郎)を読んでいた。

戦後最初のベストセラーといわれる一九四七年発表のその小説には、有楽町から勝鬨《かちどき》橋一帯を縄張りとする若い私娼たちのグループが大陸帰りの男によってかき乱されていくさまが描かれ、後に何度も芝居や映画化された。鈴木清順監督による一九六四年公開の作品では、〝男〟を宍戸錠が演じていた。ああ、宍戸錠も死んでしまったと思いながら読み進めると、この界隈が「法律も、世間のひとのいふ道徳もない」場所だったという表現にぶつかる。

穏やかな空気に満たされたテラスから見晴らす一帯は、かつて欲と性と暴力が入り混じったカオスだった。

「暗い路で、大きな鞄をさげた闇ブローカーらしい男や、実直な人間を小馬鹿にしたやうな顔つきの、新興成金の女房らしい着飾つた女をつかまへて、脅迫し、財布や時計を奪つた」という一文に、三階の喫茶店〈カトレア〉の常連の多くはブローカーだったという、店長から聞いた話を思い出す。

やはり戦後の闇市から地続きに、このビルはある。

さらには「まつたく、彼女たちは魔都の獣である」という、大仰な表現。

新橋は今も魔都だろうか。

『肉体の門』の残り香を探して、ニュー新橋ビルの中を再び歩く。

風俗店の受付になぜか蜥蜴が

エスカレーターで向かった先は〈ニュー新橋バーバー〉の斜向かいにある、ビル内で唯一の風俗店〈ラズベリードール〉だ。『肉体の門』からの連想としてはあまりに直截すぎるが、今の気分にはもっともふさわしい場所だった。

「当店のコンパニオンは全て日本人ですので安心して遊べます！」

入り口には目立つように張り紙がされている。

ガラス越しにカーテンが透けて見えるドアを開けると、すぐに小さなカウンターがあり、痩せた店員が水の入っていない水槽を並べて、何か爬虫類の世話をしていた。

「いらっしゃいませ。ご予約は？」と伏し目がちに聞かれたが、それよりも何を飼っているのか気になって仕方がない。思わず尋ねると、店員は「ヒョウモントカゲモドキです」と淡々と答えた。うっすらとしたピンクの体に斑点の入った、しっとりとした質感のトカゲを、ごつい指輪をした細い手に乗せている。

風俗店のカウンターでトカゲを愛でている男の姿は、まったくの予想外だったが、不思議と違和感はなかった。取材をしたい旨を伝えると、店長が不在とのことで、改めて話を聞かせてもらうことになった。

帰宅してから店のホームページを検索すると、在籍している二十名ほどの女の子たちの紹介があり、彼女たちのブログに紛れて、スタッフのブログコーナーもあった。

先ほどのあの痩せた店員だろうかと覗いてみると、そこには「起死回生の一発を狙って注射を打ちに行く」とか、息子との写真に「あと何回一緒に遊べるだろう」とか書かれていて、風俗店のホームページには似つかわしくないガンの闘病記だった。

それも末期のガンのようで、かなり切実な内容だった。性と死の気配が、あまりにもわかりやすい形で交錯していることに戸惑ってしまう。『肉体の門』の残り香が、まったく形を変えてPCの画面の中にあった。

後日、カメラマンを伴って再び店に行くと、先日と同じ痩せた店員が受付にいた。

最初の訪問では気づかなかったが、よく見ると前歯が抜けている。撮影をするために、ヒョウモントカゲモドキをカウンターの上に置いてもらう。先日見た時よりも、可愛く感じられる。

「あの、ブログを読んだんですけど、あれはあなたですか?」と迷いがちに聞くと、顔を上げて「はい」と答え、続けて「本を書いているんなら、僕のことも書いてくださいよ」と言う。

じゃあ、撮影もさせてくださいと頼むと、「あっ、それはいろいろマズイんで、首から下でお

願いします」と断られた。

店長よりも長く在籍するヘルス嬢

風俗店〈ラズベリードール〉は、風営法が大幅に改正、施行された一九八五年（昭和六十年）に営業を始めている。この年は店舗型の風俗店の認可が下りた最後の年であり、それ以降は企業として認可を受けた店は代替わりしても続けることができるが、個人経営の店はすべて一代限りで店を閉めなければならなくなった。

〈ラズベリードール〉の母体はほかにキャバクラや飲食店を数軒経営している企業で、風俗店はニュー新橋ビルのこの店しかない。店長の安孫子貴英さんは、新宿歌舞伎町や池袋で風俗店経営に携わってきたが、無認可で経営していた池袋のマンション内の風俗店に警察の手入れが入り、新橋へと流れてきた。

「池袋だと業界では名前も知られてしまっているからやりづらいなと。それで山手線を半分回った新橋なら、誰も知らないしと思ってバイトで入ったんです。歌舞伎町や池袋に比べたら、新橋の客層は楽ですね。サラリーマンは家庭もあるから、風俗でトラブル起こす人もいないし、定期的に来てくれるお客さんも多いですから。店の居心地が良いのかわかりませんが、僕より長く在籍している女の子がいるくらい。僕が入った時に十八歳で、もう十五年は経ってますから三十三歳かな。出勤のしっかりしている子って店にとっては大事なんですよ。こっちもつい頼っちゃったりして。今は時代の流れでどの店もホームページで写真が見られるようになっちゃったんで、女の子なら誰でも稼げるっていうわけじゃなくなってきてますね。それで少しでも指名を増やすためにブログを載せたりするんです。するとある程度の常識も求められるから、脱げば稼げるって思ってる女の子たちはちょっと淘汰《とうた》されてますね」

ホームページの話になったところで、先日見つけたスタッフのブログについて尋ねてみる。

「ガンが治ったら良いなと思ってるんです。ネタとまでは言わないですけど、本人が開き直ってるんで、書きたければ書いたらいいと思うんです。それに、治っちゃったら良いじゃないですか」

顔を写さないよう言われたことを話すと、「まあ、いろいろありますから」と言葉を濁した。あの店員は、店長の旧友なのだという。

他人に言えない何らかの事情を抱える人にとって、かつて風俗店は働きやすい場所だった。寮のある風俗店も多く、入寮してしまえば暮らしも安定して次の生活を考えることもできた。しかし、今では従業員名簿を作成するために、本籍の記された住民票が必要で、素性を明かさずに潜り込める風俗店は東京にはほとんど存在しない。

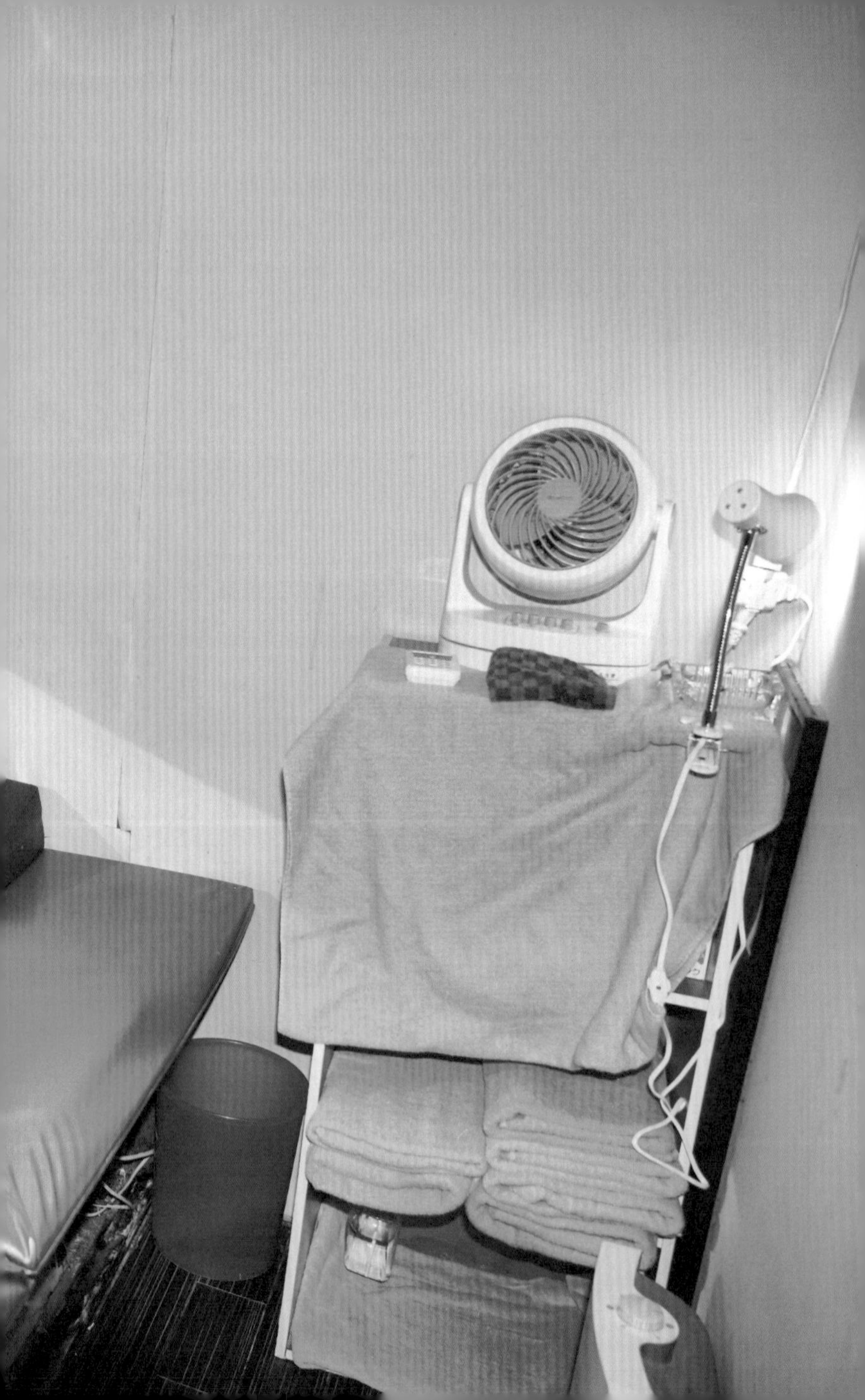

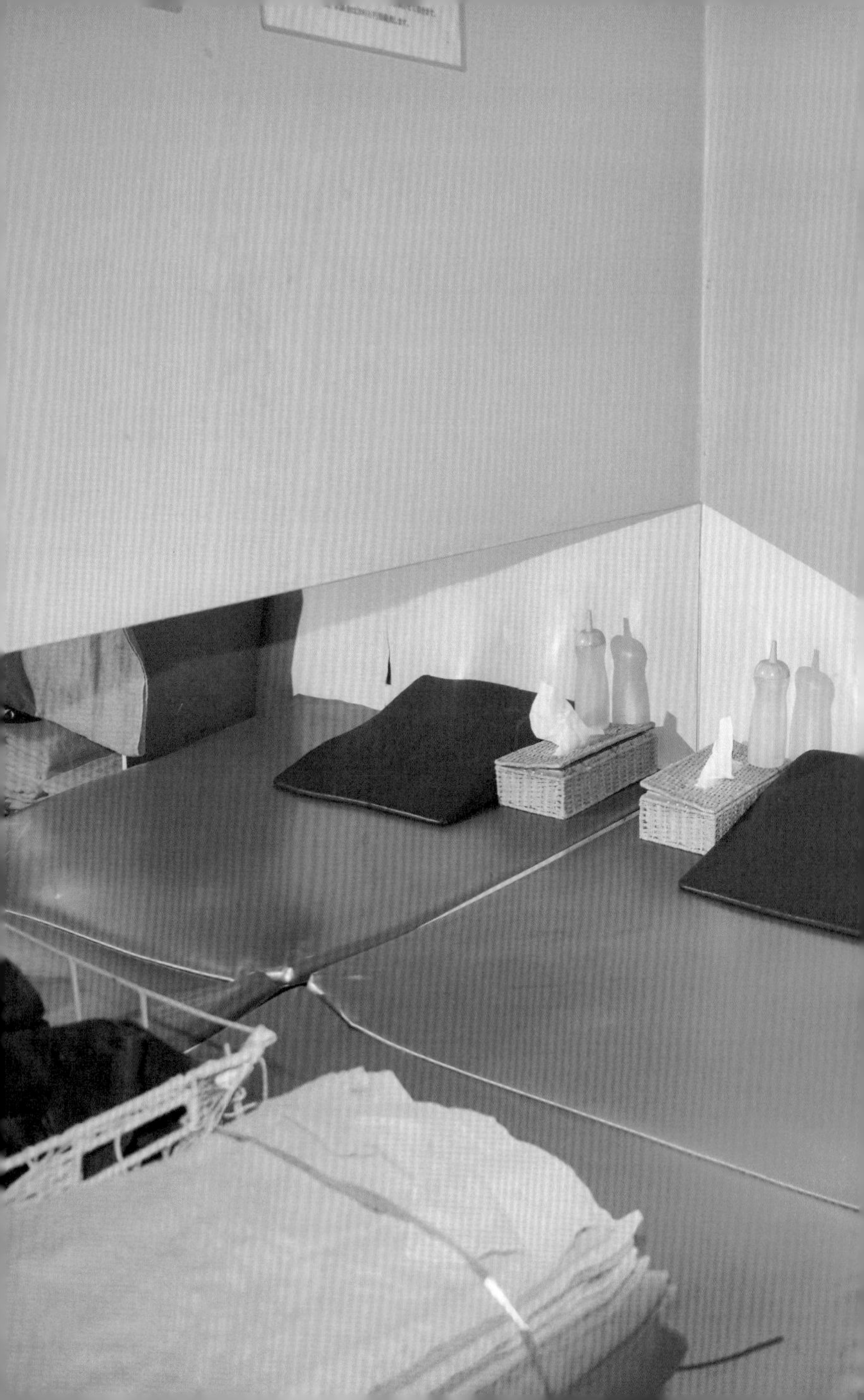

十年以上前には、働いていた嬢が店を辞めてから別件で逮捕され、実は十六歳だったことが発覚して、営業停止命令を下されたことがある。

「自分のお姉ちゃんの保険証とか持ってきたら、わかんないですからね。それで八ヶ月も店を開けられなかったから、まあ慎重になりますよね」

気になっていたヒョウモントカゲモドキについて聞いてみると、あれは実益を兼ねた店長の趣味だという。元々は熱帯魚を自宅で飼育していたが、爬虫類にも興味が派生して、今ではカメレオンなど数種をブリーディングし、爬虫類イベントで販売している。自宅で飼育していたが妻に嫌がられ、店に持ってきたヒョウモントカゲモドキは、今では三十匹ほどに増え、受付上部の棚には、飼育用ケースがびっしりと並んでいる。トカゲではなくヤモリ科の仲間だった。

湿度の高いピンクの空間

安孫子店長に話を聞いている三十分ほどの間にも、四人が座ればいっぱいになってしまう待合室に、背広を着たサラリーマンと、チノパン姿の初老の男性が少しの時間差でやってきた。あの痩せた店員から「どうぞ」と言われて待合室から出るとすぐに、女の子の「ありがとうございます〜。久しぶりじゃん」という声が壁越しに聞こえた。若い客は少ないが、安孫子店長が働き始める前から通っている常連も多いという。

店の広さは、五室あるプレイルームを合わせても、四十平方メートルほどだろうか。風営法の規定により間取りは変更できないために、開店以来手を入れたのは、壊れたシャワー室を取り替えただけ。それも、すでにだいぶ年季が入っている。シャワー室の向かいには女の子たちの名前の書かれたボディソープが古びた棚に並んでいる。

プレイルームは二畳ほどの広さで、ピンク色の壁に囲まれ、ピンク色のタオルが積まれたベッドの脇には鏡が貼られている。

簡素な、必要最低限の空間。無機質だが、湿度が異様に高い。枕元に置かれたローションの蓋が黄緑色で、ピンクの空間でやけに目についた。

多様な目的で人々が訪れる雑居ビルならば、一度店を出てしまえば、風俗店に行ってきたとはわからない。その無名性はビル内で店を営む大きなメリットだが、近年は中国系マッサージ店が増えて客が減っている。居酒屋があった方が、ほろ酔いで帰りに寄る客が多かったという。それでも安孫子店長は、付き合いも兼ねて斜め前のユウさんが働く店に定期的に通っている。

安孫子店長に話を聞いた帰り際、カウンターであの痩せた店員と目が合った。

なんと声をかければ良いのかわからずに、「頑張ってください」と励ましにもならないような言葉をかけると、俺に言われてもどうしようもないというように「はあ」と返された。どこか達観したような表情に見えた。

以来、何度も店の前を通っているがそのドアは一度も開けていない。

斜向かいの〈ニュー新橋バーバー〉で順番を待つ間に、店のドアが開くのではないかと窺っているが、中から誰かが出てくるのを見たことはない。

久しぶりにホームページを開くと、リニューアルされてしまったらしく、スタッフブログのコーナーは無くなっていた。

263
R♥DOLL
夜遊び隊
営業時間：9AM－
十八才未満の方
入店お断りします
ラズベリードール
当店のコンパニオンは全て
日本人です
ので安心して遊べます！
いらっしゃいませ
営業中

第六章　駅のホームを見下ろす部屋で

Gショックをはめた元官房長官

ニュー新橋ビルの五階から九階までは事務所フロアとして分譲されていて、竣工当時はこのビルに事務所を構えることが、弁護士や税理士など、いわゆる「士業」の人々にとってのステータスだった。

二〇一〇年（平成二十二年）の菅直人政権時代に官房長官を務めた仙谷由人さんが弁護士として活動を始めた一九七一年（昭和四十六年）は、ニュー新橋ビルが竣工した年であり、東大を卒業した同期たちが「こぞって事務所を購入した」と回顧している。

その仙谷さんが政界の第一線から身を引いた後、ニュー新橋ビル四階に事務所を間借りしていると聞いて取材に訪れた。

他の区分とは異なる重厚な扉を設《しつら》えたひっそりとした一角に、「仙谷」の表札は出されていない。チャイムを鳴らすと扉が開き、山のように資料が積まれた通路から奥の部屋へ通された。角部屋の特別タイプの区画らしく、二十畳よりも広い空間にはベランダまで付いている。

仙谷さんは時折鋭い視線を挟んで往時の片鱗を見せるが、タバコをひっきりなしに吸いながら、好々爺《こうこうや》のように柔和な表情で話し出した。

「なぜこのビルに事務所を構えているかって、衆院選に落選してから金がないからだ。ここを間借りしてるのも選挙に落ちた翌年の二〇一三年（平成二十五年）からだから、新橋のことはよくわからんよ。でもな、一杯行こうかって仲間と飲みに行くときに、丸の内の高層ビルに登るようなことはしたくないわな」

話を聞いている間に何度も「金がない」とこぼしたが、もはや口癖のようになっているだけで、本当に金が欲しいわけでも、政治に未練があるわけでもなさそうだった。自分の能力を発揮できるギリギリまで働いていたい、と一介の弁護士に戻っているのだろう。

「このビルも含めて、新橋は猥雑さにかけてはナンバーワンじゃないか？　それは肌感覚がいいっていうことだよ。『水清ければ魚棲まず』っていう言葉があるけれど、その通りじゃないか。役人だって変わらない。赤坂ではネクタイを緩められなくても、新橋に来ればリラックスできる。若いときから通ってるから、局長クラスでも新橋に馴染みの店があるっていう役人は多いよ。ただし、新橋は個室の店が極めて少ないからね。官邸に言いつけられたら困っちゃうから、足が遠のいているのかもしらんけどね（笑）」

いまの仙谷さんには、新橋の水が肌に合うのだろう。

「昼飯は、下に降りて立ち食いそばを食べたりするよ」

人懐っこい笑顔を見せる元官房長官は、Gショックを腕にはめ、スニーカーを履いていた。一時間ほど話した後、共用トイレに行くからと、ついでにエレベーターまで送ってくれたが、その立ち姿は、ビルの空気に完璧に同化しているように見えた。

取材の数ヶ月後に鬼籍に入った仙谷さんにとって、ニュー新橋ビルは最後の事務所となった。

新橋芸者の時代を生きた名物女将

仙谷さんが言ったように個室のほとんどないニュー新橋ビル内の飲み屋にも、かつては座敷が多くあった。ビルが建つ以前から新橋で焼き鳥屋を営んでいた老舗〈ニューニコニコ〉には、いまもその名残りとして畳の小上がりが留められている。

マーケット時代の小さな店の多くが入居して飲み屋街となった地下一階には、ママが着物で客を出迎え、芸者が酌をし、三味線の音色が流れる小料理屋がいくつもあったが、現在では二階同様に、中国人たちが店の前で呼び込みをする居酒屋が増え、当時の面影を引き継ぐ老舗はもう数軒しか残っていない。

郷土料理を出す〈秩父〉では名物女将・千島よし江さんが、八十五歳を過ぎた今も時折、着物姿で客を迎えてくれる。

店内には馬刺しや猪鍋といったメニューを書いた半紙が貼られ、さらに壁を埋めるようにして、ビルが建つ以前の新橋駅前の風景や、関口宏や北野武など店を訪れた芸能人、ピアノ伴奏のカラオケ大会に出場した若き千島さんの写真まである。店の隅には千島さんの衣装なのか、洋服が何着もかけられている。

「西口の広場には昔、街頭テレビがあってさ、映画の宣伝流したりしてね。ニュース番組がビャーっと流れたりすると、サラリーマンの人は見逃しちゃいけないからって、もうすごい人山。よく覚えてますよ。

こっちの写真は、六本木に初めてカラオケが出来た時のなのよ。ピアニストはN響の方なんだから。審査員も有名な方なのよ。私、優勝したの（笑）。あそこの板場の脇に飾ってあるのが、主人の写真。猫を抱っこしてね」

千島さんの夫は一九五三年（昭和二十八年）から新橋ですき焼き店〈せかい〉を営んでいた。

実家が経営する牧場から肉を取り寄せ、昼には今でいうランチの先駆けとしてサラリーマンにとんかつや肉じゃがの定食も安く出していたという。

銀座松坂屋で働いていた千島さんが〈せかい〉に嫁いだのが一九六〇年（昭和三十五年）。オリンピックに向けた市街地改造事業の一環として、都電の線路が外されていった光景をよく覚えているという。

「徳川夢声さんってわかる？　夢声さんのプロダクションが新橋に六軒ぐらいあったの。そこで働いていた友人が辞めた後に、私の職場の松坂屋に来たときに、一緒に新橋に飲みに行こうって誘われて〈せかい〉に行くことになったの。当時は女の人が飲み屋に行くなんて、考えられない男性天国だったんだけどね。そこで夫に見初められて『嫁に来ないか？』なんて言われて。その頃の新橋は粋な街でね。岡田真澄が街を歩いていたりして、かっこよかったのよ」

弁士として活動したのちに、俳優へと転じた徳川夢声が亡くなったのが一九七一年。ニュー新橋ビルが建てられた年である。

〈せかい〉を営みつつ、ニュー新橋ビルの地下街にも〈秩父〉を構えたのは、付き合いのあった芸者から権利を買って欲しいと相談されたからだった。

「芸者さんだから子どもがいないじゃない？　商売をやめるからって相談されて、それでうちの旦那が引き継ぐことになったの。新橋芸者って聞いたことあるでしょ？　〈せかい〉にも芸者のお姐さんが二、三人出入りしてたのよ。今は汽車ぽっぽが置かれている広場の隅っこに置屋があって、座敷で手が間に合わないと芸者さんと三味線のお姐さん呼んで。その頃はお客さんも昼休みに端唄小唄を習ってさ、夜、会社同士の接待でご披露するわけよ。築地、丸の内、霞が関にも芸者がいてね。昔は芸者さん呼んでも、みんな立て替えて後で請求書を出すんだけど、手ぶらで集金に行けないから四合瓶提げていったり、近所で和菓子の折を買って行ったりね。そういう人情があったんだよね。今は三味の音も聞こえなくなっちゃったから」

夫が亡くなるまでは、ビルの外で〈せかい〉を、ビルの中で〈秩父〉を夫婦で営み、どちらの店でも、秩父の山で猟師が撃った鹿肉や猪肉、地物の黒こんにゃくを出していた。

かつて商売をやめる芸者さんから相談された時と同じように、数年前には〈秩父〉の隣にあった喫茶店のマスターから「もう商売できないから」と頼まれ、千島さんは〈千嶋秩父〉という店を開けた。二つの店の間にあった壁の一部を取り払い、料理を運べるように改装している。

華やかな衣装で埋め尽くされたワンルーム

ニュー新橋ビルの十階、十一階は居住用として分譲され、かつては商業エリアの店のオーナーが暮らしたり、従業員が寝泊まりする部屋として使われていた。

モニター
HOYALUX

「寝食付きで雇ってたわけ。だから昔は情があったんだよね」と千島さんが言うように、その大半が住居として使われていた。下で働き、上に住む。生活すべてがビル内で完結していた。現在の住居フロアは事務所や店舗の休憩室、倉庫として使われていて、実際に住んでいるのは四世帯だけだ。千島さんは、夫が亡くなった後に、ビルの中に部屋を借りて独りで暮らしている。

十階でエレベーターを降りると、階下の喧騒からは隔絶され、通路は誰も歩いていない。現在の規格からすると二十センチは背の低い黒いドアが等間隔で並び、昭和に迷い込んだような錯覚に陥る。

そのうちの新橋駅側の一つのドアの前で千島さんは立ち止まり、「ここです。洋服がぎっしりで恥ずかしいんだけれど」とドアを開けた。

玄関にまではみ出すように洋服がビッシリと並んでいる。三十平方メートル弱のワンルームだが、奥がまったく見通せない。まるでウォークインクローゼットのような廊下を進むと、小さなシンクがあり、脇に置かれた冷蔵庫にはネックレスなどの装飾品が大量にフックに掛けられている。向かいには箪笥があり、その上には位牌が置かれ、父母と見える遺影が並んでいる。傍らには自身の結婚式の写真、正装したモノクロの家族写真、若き日の夫の写真も飾られていた。

「いい男ですね」と口にすると、そうなのよというように相槌を打ちながら、亡き夫が戦後に警察予備隊の一期生だったことや、何度も俳優にスカウトされた話を嬉しそうにする。息子の写真もあり、航空会社に勤めているのだと言った。

住居階からの眺め

さらに奥に進むためには、洋服をかき分けなければならない。連なる洋服の凹みに小さなベッドがあり、その向かいの寝転んで観ることのできる位置に小さなテレビがあった。

インド更紗《さらさ》やアフリカの生地で作られたドレスなど、吊るされている洋服は普段着ではなく、店で着るための「衣装」なのだろう。

「古いものだけどね、昔のものは作りがいいから。今では職人さんもいないから、同じ服は作れないわよ」

自慢の品を取り出してきては、刺繍やボタンがいかに繊細な作りなのかを見せてくれる。

ようやく窓際までたどり着くと、小さな化粧台が置かれていた。

千島さんは鏡を見ながら、右目の下を気にしている。

「この前、転んじゃってね。痣《あざ》ができちゃって、いやねえ。白内障の手術をしてから着物も箪笥に入れっぱなしで。でも男の人って着物姿が好きじゃない？『たまには着物着ろよ』なんていうお客さんもいてね。着物の上に割烹着を着てるから、おふくろさんを思い出すらしいのよ、男の人は。しょうがないよね、お母さんのおっぱい飲んで育ってるんだから」

千島さんは一日置きに美容院で髪をセットする以外には、ニュー新橋ビルから出ることはほとんどない。朝起きて、コーヒーを淹《い》れてから朝ドラを見る。その日に何を着るのか無数の衣装の中から選んで、念入りに化粧をする。

食事は自分の店で済ませる。夫との日々が染み込んだ店で一日を過ごし、エレベーターに乗ってこの部屋へと上がってくるのは、馴染みの客がひけた夜十二時過ぎ。

ここは、寝るために帰ってくる部屋だ。

「毎朝、化粧台の前に座って外を眺めて、ああ男の人が背広を脱いでワイシャツになったから暑いんだなとか、雨が降っているなとか、その日の天気を見るのよ。それで、着るものを決めるの。お客さんを迎えるんだからきちんとしなきゃいけないでしょう。汚い格好していたら申し訳ないじゃない。それは大事なことなんだから。外見てご覧なさい。ほら、あそこにパチンコ屋さんが見えるでしょう？　あそこが最初の店の〈せかい〉のあった場所ね」

華やかな衣装が部屋中に溢れるほどに哀愁を感じてしまうのは、そこに夫の不在や良き時代に対する憂いが付着しているからか。

ブラインドを上げて、ニュー新橋ビル内では住居階しか開けられないという窓を少し開ける。格子とのわずかな隙間に観葉植物が置かれていた。

眼下には山手線のホームがあり、電車を待つ人がスマートフォンをいじっている姿まではっきりと確認できる。ホームから見上げたら、千島さんが化粧をしている姿が見えるだろうか。

ちょうど電車が出発するタイミングで、聞き慣れたメロディがはっきりと聞こえた。

第七章　生卵をかっ込みながら頭を刈る

バーバーに職人がいた最後の時代

明治四十年代から大正期にかけて造られ、百年以上を経た新橋駅のレンガアーチ高架橋の耐震補強を目的とした改修工事は、二〇一〇年（平成二十二年）にスタートしている。完了するまでにはまだ時間がかかるらしく、線路沿いを歩けば現在も美しいレンガアーチを目にすることができる。

かつて、そのアーチのうちSL広場に面した最も好立地には、ヤドカリのようにピタリと収まるようにして〈新橋ステーションバーバー〉があった。

戦後すぐに「引揚者たちの頭を刈って欲しい」と政治家から依頼され、駅前のバーバーは立ち上げられた。実際には引揚者だけでなく、日本で敗戦を迎えた人々に対しても無料で頭を刈っていたという。

一九五二年（昭和二十七年）にバーバーは法人組織化され、それまで無料だった散髪代は有料になった。駅構内での営業であったために旅客サービスの一環と見なされ、以降も料金を改定するには国鉄の許可が必要だった。〈新橋ステーションバーバー〉は二〇一〇年に、高架橋の改修工事のために立ち退きを余儀なくされ、それまで同じ経営者による美容室があったニュー新橋ビル二階に移転して、〈ニュー新橋バーバー〉と屋号を変えた。

現在の社長・大澤忠夫さんが上海から日本へ引き揚げてきたのは、終戦直後の三歳の時。創業者である父から継いだ移転前の店のことをよく覚えている。

〈新橋ステーションバーバー〉は十九台の椅子が置かれた大型店だった。理容師がおよそ三十人、補助員と呼ばれる掃除や会計を担当する店員も十人ほど在籍していた。駅前の安く早い散髪屋にはとにかく需要があった。

「普段は一人の職人が一日に三十五人から四十人くらい刈っていて、だから毎日七百人ぐらい店に来てたのかな。ただ、年の暮れになるとね、外にまでズラーッと並んでましたね。隣には国鉄が経営する〈日本食堂〉っていう会社の洋食屋さんがあって、当時としては珍しいスパゲティやサンドウィッチを出す洒落た店でね。その店の前を過ぎて地下鉄の入り口までうちのお客さんが並んじゃって。店の奥にバックヤードへ入る扉があったんですが、年末にはその前にも一台追加で椅子を置いていたから、休憩に出るには表玄関を通らなきゃいけない。お客さんが並んでいるのにその前を通って休憩になんていけないですよ。それで夕方になると生卵をコップに入れて、配給するんです。それを後ろ向いてカッと飲み込んで、また頭を刈って。私が言うのもなんですけど、叩き上げの最後の職人たちでした」

大澤さんの話からは、新橋駅前にまだマーケットがあった時代の喧騒が聞こえてくるようだ。

「いまのSLが置かれている場所の裏にあった銭湯にも、うちの連中と一緒によく行ってましたね。ここいらの人は夕方店が始まる前に銭湯に寄るから二時とか三時とか、それくらいの時間が混むんです。仕込みの合間に行くからね。駅からすぐの角に〈升本〉っていう酒屋があって、職人たちはよく飲んでたな。店の一角で缶詰を肴にキュッと飲めて、安上がりだったからね。新橋の街には台湾の方も多かったですけどね、みんな仲良くて、いざこざなんてなかったな」

五十年来通う客もザラで、就職時に通い始めてサラリーマンとして勤め上げ、退職してからも通っている客がいるほど、愛され、日常に溶け込んだ店だった。

ニュー新橋ビルへの移転直後は、新橋駅からわずか数メートルほどの引っ越しでも老齢の常連たちは場所がわからず、電話がかかってくる度に以前の店があった場所まで迎えに行っていたという。

日に焼けたリーゼントの理容師

釣具店に行った帰りに、私も移転後の〈ニュー新橋バーバー〉に通うようになった。店の外壁には待ち時間をカラー・グラデーションで示す看板があり、カット一二〇〇円に始まる料金体系が記されている。店の外にはパイプ椅子が並べられ、夕方六時前後のもっとも混雑する時間帯には客が座って順番が巡ってくるのを待っている。斜向かいには風俗店〈ラズベリードール〉があり、左隣のマッサージ店ではユウさんが働いている。

店内に椅子は十一台あり、体を前に倒して洗髪するタイプだ。理容師は揃いのグレーのユニフォームを着ている。戦後の歴史を引き継いでいるからか、まだ移転してから十年ほどしか経っていない店なのに、完全にビルの空気に馴染んでいる。

席について「モミアゲはどうします?」「ヒゲ剃ります?」といった二、三の質問に答えたあとは、ただ黙って店内に流れる高校野球のラジオ中継や有線のJポップを聴いていればいい。担当する理容師によって仕上がりが違う。三十代の客はまだ若者の範疇で、その若者に合わせた雰囲気に切るのか、あるいは年齢に関係なく決まった髪型に仕上げるのか、裁量はそれぞれの理容師に委ねられている。その個人の感覚を尊重しているところもまた、私には心地よかった。

その日は浅黒く日焼けした、軽いリーゼントの理容師が担当だった。いつものように黙って身を委ねていたかったが、店の来歴を聞くために話しかけると、その理容師、塩田道治さんは人好きのするタイプらしく、こちらが質問を一つ投げれば十にして返してくれる。

塩田さんは、二十代の頃は美容の世界で働いていたという。ベスパに乗って、吸えないにもかかわらず『アメリカン・グラフィティ』に憧れてラッキーストライクをTシャツの袖に挟み、原宿にあるリーゼント専門の理容室で頭をセットしていた。

仕事が終わればディスコに行き、スタイリストと知り合ってファッション撮影を請け負うような、いわゆる先端的な場所で顔を売っていた。

だが、不摂生がたたり体を壊してしまう。それまでの仕事のループから外れようと西東京に自分の店を開くも、バブル崩壊で立ち行かなくなってしまった。心機一転、今度は千葉県の佐倉市にスナック居抜きの店を借りて営業を始めるが、東京に比べると客が少なく、またも失敗してしまう。

塩田さんが自分の店を閉め、〈ニュー新橋バーバー〉で働き始めたのが一九九三年（平成五年）。大澤さんの言葉を借りれば、「最後の職人たち」から薫陶《くんとう》を受けた世代に当たる。

「バブルが弾けて高級店がどんどん頓挫して、低料金の店が増えていった時期だったんです。

それで、よし、いっちょ低料金の総本山に行ってやろうじゃねえかって新橋にやってきた。当時はロン毛の金髪で、髭まではやしてて。さすがにそれじゃあ床屋に面接に行くのに失礼だからって固めて結わいて。でも店に入った瞬間に熱視線を浴びました（笑）。『勘違いしたやつが来ちゃったよ』って。『自分の店を潰した低料金の店で、もう一度勉強し直したい』って言ったら、先代の社長が『面白いから入れてみろ』って言ってくれたんです。帰りがけに『その髪切れます？』『金髪、黒くできます？』『ヒゲ剃れますよね？』って念を押されて。三拍子揃ってたのはお前が初めてだって笑われましたね」

家に帰ってバサバサと自分で髪を切り、ヒゲを剃り落として〝総本山〟に通い始めた塩田さんは、初日から大きなカルチャーショックを受ける。

「みんなが一日四十人とか刈っているのに、私はせいぜい六人がやっとでしたから。歴戦の猛者の中にヒヨコが入っていったようなものです。自分についた客に、他の職人が『おっ、よかったですね。今日は高級店の丁寧な仕事ですよ』って嫌味を言ったりしてね」

その日から、塩田さんの研究が始まる。

何歩で椅子の周りを歩き、どの位置に立つのがもっとも効率が良いのか。バリカンを当てる角度、ハサミの持ち方、同じ道具でも、〝猛者たち〟は美容師とはまったく異なる使い方をしていた。

「ただ、早いけどダメという仕事もあるんです。その場ではお客さんにはわからないように刈っているけれども、あんなの家に帰りゃわかるよ。全然切ってねえじゃんっていう仕事もある。そういう見る目を養わないと仕事は上達しないですよ。働きながら、横目でいい仕事をしている職人さんの技術を盗むんです。スポーツ刈りひとつ取っても、いい仕事をしている人の仕上がりは違う。それを職人に言うと『何言ってんだ』って照れるんですけどね」

ドライヤーのない理容店

塩田さんがようやく店に慣れてきた九〇年代後半に、しかし店の売り上げは急落していく。あれほど忙しかった店に客が来なくなり、戦後の情緒をとどめたバーバーよりも、即物的に髪を短くする、いわゆる駅前の千円カットの店が選ばれるようになっていった。

自身の店を潰した経験から、それでもやってきてくれる客に塩田さんは「なぜ暇になったと思うか」を問うていた。すると客は一様に「ドライヤーがないから」と口を揃えた。

今の感覚からは信じられないが、当時の〈新橋ステーションバーバー〉にはドライヤーがなかった。頭を刈り、顔を剃ってタオルで拭き、リキッドを振りかけて七三に分けて終わりだった。

「昔は常連さんが自分でタオルを持ってきて、店の外に出たらゴシゴシ拭いてたんですよ。とくに冬は寒いでしょう。職人たちは、ドライヤーなんかでセットしなくても仕上がるのがいい仕事だって思ってましたから」

塩田さんの提案もあって、ドライヤーが導入されることになるのだが、古くからの職人にはなかなか受け入れてもらえなかったという。

「それで辞めていく職人もいました。それから客を呼び戻すために、若い人向けの頭を勉強する講習会を私が担当することになったんですが、そんなのは時間の無駄だって、それでまた辞めていく職人もいました。それが過渡期でしたね。時代に合わせられる頭の柔らかい人は私の言うことも聞いてくれるんですよ。いちばんうまいと尊敬している大先輩は今も店に残ってます。私がこの店に来てからもう二十五年も経っちゃって、今では上から三番目。早いです。あっという間ですね。僕らはフルコミッション、完全歩合制で働いているんですね。新橋駅前のいい場所でいい椅子を借りているわけで、まあ家賃みたいなもので、それは仕方がないことなんですけど、でももうちょっと若い子たちにはよくしてやりたい。魅力がない業種だからなり手も少ないですしね」

年の瀬に鍋を仕込む

「ここ数年、バーバーのスタイルが見直されているじゃないですか」と私が水を向けると、塩田さんは今も偵察を兼ねて「新しい店」に髪を切りに行っているという。

「確かに最近はニューウェーブっていうか、昔懐かしいバーバーショップが増えてはいますよね。でもいかんせん料金が高い。雰囲気を真似て現代っ子の髪型はできても、ネオ・バーバーの確立とまではまだいってないんじゃないですか。もっと徹底的にやるべきなんでしょうね」

言葉の端々に自負が滲む。若い頃にリーゼントに仕上げてもらっていた原宿の理容店や、時間をたっぷりかけて客をもてなす美容室文化を経て、現代のスタイルにたどり着いた塩田さんには、時代に合わせて変化していく必要性が身に染みている。同時に、生卵をかっ込みながら客と相対してきた職人たちの技術と根性も引き継いでいる。

今ではなんとかその文化を伝承しようと、嫌がる後輩たちに「なんでもいいから早く切れ」と自分の頭をカットさせている。

暮れの迫った平日の夕方、髪を切ってもらおうと店を訪ねると、想像していたほどの混雑はなかった。「来週からですよ、戦場は。みんな年末ギリギリに切って、新年をさっぱり迎えたいんでしょうね」と塩田さんは笑った。

年越しまであと数日ともなると、かつて新橋駅にあった店と同じように、サラリーマンはもちろん、もうリタイアしている常連たちが列をなす。

けれど年末最後の営業日に、塩田さんは休みを取る。そして日当が出るわけでもないのに朝から十一階の事務所でじっくりと時間をかけて料理を仕込む。営業が終わったら二階の店に運んで打ち上げをするためだ。

「若い奴らはアンコウなんて食ったことないから、銚子の港で仕入れてアンコウ鍋作ったりね。まあ、恩返しのようなもんですよ」

クタクタに疲れた理容師たちが、店内で鍋をつついて酒を酌み交わす。シャンプーの匂いが、鍋から立ち上る湯気とともに出汁や日本酒の匂いに入れ替わっていく。きっと仕事の話などほとんどせずに、他愛もない話をして笑うのだろう。

そうやって終戦直後から七十年以上も新橋で頭を刈り続けてきたバーバーは、また新しい年を迎える。

第八章　スナックは魔の巣か団欒か

裏通りのスタジオで変身する

ニュー新橋ビル二階でエスカレーターを降りてすぐの居酒屋〈初藤〉から始まり、〈ニュー新橋バーバー〉や〈ラズベリードール〉へと至る通路が、私はニュー新橋ビルの〝メインストリート〟だと思っている。派手なマッサージ嬢が客引きをし、居酒屋、ゲームセンター、理容店、風俗店などの多様な業種が入り混じって、このビルの混沌とした雰囲気を象徴しているからだ。

一方でビルを半周回った反対側、不動産店〈三立エース〉がある通路は人通りが少なく、マッサージ嬢たちが「スペシャルあるよ」と声をかけてくるいわば「裏通り」だ。

釣具店に寄った帰りに何度も通っていたのに、マッサージ嬢たちに気を取られていたからか、マッサージ店に挟まれるようにしてある〈エストゥディオのりこ〉の存在にまったく気づいていなかった。

その日は、半分ドアが開いていて、通路から赤いロングスカートをたくし上げてステップを踏んでいる女性の姿が見えた。

看板でフラメンコのスタジオであることを知り、恐る恐る声をかけると「はーい！」と快活な声が返ってくる。スタジオを主催する石川乃梨子さんが、夕方六時半からのレッスン前に体をほぐしているところだった。

十九歳でフラメンコを始め、三十九歳でスペインに留学した石川さんが、帰国後にニュー新橋ビルにスタジオを開いたのは、一九九四年（平成六年）のこと。三階で両親がオーダーメイドのワイシャツ店を営んでいたので馴染みのあったこのビルに物件を買った。

「最初は御徒町の小さなスタジオを使っていたんですけど、下に響いて怒られて。それで新橋に移って最初は三階の店をスタジオにしたんです。でも、やっぱり響いちゃって、下の階のおじさんにすごく怒られて。生徒さんたちも『怖い〜』って。それで二階なら一階との間が開いているから響かないだろうって、ちょうど競売物件が安く出ていたから買っちゃったんです。それで全部リフォームして。床の木にもすごくこだわったんです。私も今までいろんなところで踊ってきたけど、ここはすごくいい音が出るんですよ」

スタジオ
イオのりこ
FLAMENCO
石川
乃梨子
フラメンコ
ライブショー
GRAN FESTIVAL DE CANTE Y BAILE
ESTUDIO NORIKO

片側の壁一面には鏡が貼られ、新橋駅に面する窓には赤い遮光カーテンが掛けられている。壁には大きく引き伸ばされた舞踏中の姿のモノクロ写真。汗を滴らせ、マスカラで輪郭を強調した強い目線でカメラを見据えるその姿は、目の前にいるほんわりとした雰囲気の〝のりこ先生〟と同じ人物とは思えない。窓際がステージになるらしく、スポットライトで照らされている。三十平方メートルほどの空間は完全なダンス仕様になっている。

レッスンに通ってくる二十名ほどの生徒は、ほとんどが働いている既婚女性で、男性はあまり長続きしないという。かつて通っていた築地市場に勤める男性は、スタジオで知り合った女性と結婚したが、妻が妊娠すると「あなただけ通うなんて冗談じゃない」と咎《とが》められて辞めてしまった。

「そうだ」と思い出したように、のりこ先生が見せてくれた自費出版の写真集には、生徒たちの日常と、舞踏中の姿が対比して収められていた。日常はモノクロ、スポットライトを浴びた舞踏姿はカラーで写されている。

先ほど話に出た築地市場の男性は、発泡スチロールのトロ箱を運ぶターレを運転している。その他にも通勤電車の中のＯＬ、子どもと遊ぶ保育士、自宅で料理を教える先生など、様々な職に就く生徒たちがドレスをまとい、まるで別人のようにフラメンコダンサーに変身している。そこには単に体を動かしたいという思い以上の変身願望が写っているように思えた。

彼女たちにとってこのフラメンコ教室は、〈たこ助〉のたこママが話していた鹽竈神社付近にあったという女装のための着替え部屋のように、自分を解放するための場所なのかもしれない。

「私の人生はフラメンコとともにあるんです」と、のりこ先生は写真集を眺めながら言った。踊っている写真を撮らせて欲しいと頼むと、慣れたようにスポットライトの下に立つ。ステップを踏むたびに、赤いロングスカートが舞う。

スタジオの全景を写そうと通路に出てドア越しに眺めていると、隣店のミニスカートのマッサージ嬢がこちらを冷めた目で見ていた。スーツ姿のサラリーマンが中を覗きながらそのすぐ脇を通っていく。スピーカーから流れるギターの音色に合わせてステップが激しくなるほどに、裏通りとのギャップが増していく。

四十年前から変わらないスナック

〈エストゥディオのりこ〉を出た後に、久しぶりにバー〈瑞藻《みずも》〉に寄ろうと地下一階へ下りた。地下の飲み屋街では今日も中国人の女の子たちが客引きをしている。二階のマッサージ嬢たちに比べればずっと控えめに、エプロン姿で「安いですよ」「すぐ入れますよ」と声をかけてくる。それらのオープンな雰囲気の居酒屋に埋もれるようにして、重厚な扉のバーはある。

〈瑞藻〉には、銀座七丁目にあった伝説のシャンソン喫茶〈銀巴里《パリ》〉のステージにも立ったことのあるシャンソン歌手のママがいて、以前に訪れた際には「あなたも知っている歌がいいわね」と『ベサメ・ムーチョ』をハスキーな声で歌ってくれた。

フラメンコに触れた後に、生ギターの音色が聞きたかったが、開店前らしく〈瑞藻〉の青に白字の看板はまだ灯っていなかった。仕方なく別の店を探して地下街を歩く。

半周回ったところで、スナック〈バラード〉という看板を見つけた。〈瑞藻〉と同じような重厚な扉が半分開いていたので、中を覗いてみると内装も似ている。細長い空間の手前から奥へと長いカウンターが延び、その奥にこぢんまりとしたテーブル席があった。

棚にはウィスキーが等間隔で並び、カウンターには半袖の白いワンピースを着たママがいて、客は一人だけ。バーのような、上品な設えのスナックだった。

店に入ると、「どうぞいらっしゃい、初めて？　かしら」とほんの少しだけ異国から来たことを感じさせるイントネーションの日本語で迎え入れてくれた。

北京出身のママ・宮本莉那さんは、夫の仕事の都合で日本にやってきた。日本企業に勤めていた同郷の夫はしばらくして自分で会社を立ち上げ、宮本さんも経理を手伝っていたが、夫は生活の不安から何か店を始めるよう促したという。

宮本さんは、どんな商売をするかも決めぬまま店をどこに開くか考えた末、「サラリーマンが一番集まる場所がいい」と、新橋を選んだ。

「このビルは、駅近いですから。酔っ払ってもすぐ帰れるし、傘なくても帰れる。店を借りる時は、一週間毎日、私、店の外で見てたんです。『場所悪いかな？　入り口悪いかな？　なんでお客さんいないかな？』って思って。でも、ドアを開けた瞬間に、『あっ、ここだったらいいな』って思ったんです。その時バブルの終わりで、『ダメですね』ってみんなに言われたけど、前のママさんが結婚するので店辞めたいって。大家さんもすごく優しい。どうしても貸したくて、家賃少し安くしたんです」

流暢とは言えない日本語だったが、込み入った話になるとうまく伝えられないもどかしさを感じているのがわかり、むしろ誠実さがこもっているように聞こえた。ママは二十年前に帰化したという。

店の内装は四十年前からほとんど変わらず、宮本さんで四代目のママになる。

夫の勧めで始めた仕事だったが店が軌道に乗ると、次第に反対されるようになり、結婚生活か店か、どちらを取るかの選択を迫られたママは離婚を決意する。

「北京にいた時は仕事もあるし家族もあるし、お母さんもある。でも日本に来てからずっと主人の後ろにいて、料理を作るのが自分の人生なのかよくわからない。でも、この商売を始めたら、自分の力でみんなを楽しくさせることできる。最初の年は不安でずっと泣きながら店やっている感じだったけど、だんだん楽しくなったんです。結局この道を選んで、それで別れて。私にはお客さんが家族なんです。何があっても自分の選んだ道だからって頑張った」

月曜日から土曜日まで働き、日曜日には娘と過ごす一週間。「仕事終わったらまっすぐ帰って寝てるのが一番幸せ」と、ママは言う。スナックで稼いだ金で、中国の家族への仕送りを続けた。

「東北の地震の時、中国人みんな帰っていって、でも私は帰らなかった。その日も朝までやってました。今までお母さんに親孝行できたのは全部この店のおかげで、日本にずっと恩返ししたいなって思ったから。だからずっと化粧もしないで、一ヶ月一人でやってました。お母さん亡くなった時は、日本にいたから何もできなくて、ずっと悔しくて。でもお兄ちゃんが『あなたはお金いっぱい。あなたのおかげでお母さんは幸せだった、最期まで』って言ってくれた。お母さんずっと病気だったけど私は北京に帰れなかった。お金は一番感情がないものでしょう？　でもお金は渡せたの。悔しいことはいっぱいある。それ言ったらまた涙が出る。でも、どっちが損とか得じゃなくて、自分がしたことは後悔しないことがいちばん大事ね」

ママは時折、目頭を押さえながら話してくれた。

Ballantine's
阿部

新幹線で週六日通う常連

しばらくすると、「私にはお客さんが家族なんです」という言葉を裏付けるように、オープンした半年後から二十年間、毎日のように通っている一番の常連であるソウちゃんが店にやってきた。

「いらっしゃい」と声さえかけずに、ママは私にソウちゃんを紹介して、自分は他の客の相手を始めた。

きちんとした身なりで物腰の柔らかい会社員のソウちゃんは、勤める会社が新橋から水道橋に移転した後も、栃木県の小山の自宅へと帰る前に〈バラード〉に通っている。朝は各駅電車に乗って水道橋に出勤し、店に寄った帰りは上野へ出て、新幹線で帰宅する。

「まっすぐ帰っても犬が一匹とばあさんが待っているだけですから。ママの目が怖いから、他の店には行けないんです（笑）」

会社が休みの土曜日も地元でのゴルフの後に新幹線でやってきて、夕方には店の掃除をしている。見返りは、ビール一本だけ。自宅にいるよりも、〈バラード〉にいる時間の方が長いだろう。「ずっと独身のままで。人生変わっちゃいました」とソウちゃんは苦笑する。

ママが体調を崩した時には鍵を預かり、店を開けていたという。それだけの信頼関係が出来上がっているのは、ソウちゃんの人柄によるところも大きいのだろう。確かにママとは客以上の「家族」のような間柄だが、恋愛関係にあるのか聞くと、ママもソウちゃんも、やんわりと否定する。

「一人のお客さんと外で会うとみんなやきもち焼くから、会うのはお店だけ。ここで集まるの。みんなでピアノ習おうって、店にピアノ置いて常連さんみんなで練習したこともあった。餃子作ったり、夏はそうめん茹《ゆ》でたり。楽しいよ。家族みたいでしょう。私には、他に何もないから、お店だけ」

その言葉が、ママの信念のように聞こえた。

ソウちゃんによれば、ママや店の女の子をしつこく追いかけている客はそのうち来なくなる。残っている客はみなどこかで割り切って、男女の関係なんて求めずに、ただ居心地のいい場所に帰ってくるように、ママに会いに来る。

新規の客が入ってきて、ママが対応している間に、常連たちは自分で持ってきた料理を皿に移して食べ始めている。

「早く壊してほしい」とママは言った

かつてはビル内に数軒あったスナックも、今はもう〈バラード〉しかない。

〈バラード〉では若くて美人の中国人留学生たちが、日本語の勉強を兼ねて働いている。ボトルを入れてあれば、何時間いても五千円。地下街の他の居酒屋に比べれば割高だが、隣に女の子が座ることを考えればそんなものだろう。料金はオープン当時から変わっていない。

「常連さんはみんな昔は偉い方。部長クラス。でももう七十歳くらいになって引退してる。会社辞めて自分で仕事してる人も、そろそろ引退ね」

ママが別の客の相手をしている間に、二十二歳のモモちゃんが席についてくれた。美大に通っていて、この店でアルバイトをしながら日本語を覚えたという。「お客さんと結婚する女の子もいるんですよ」と、真偽のほどのわからないリップサービスを聞いていたら、さっき二階で会ったのりこ先生が入ってきた。

「あ、先程は」と声をかけると、「あら〜」と言いながら、いつもの定位置らしく、カウンター席の常連客の間に躊躇《ちゅうちょ》なく座った。ママが瓶ビールとグラス、おしぼりをスッと出す。レッスンがある日には必ず〈バラード〉に寄ってから帰るのだという。ジーパンに着替えたのりこ先生は、スタジオで会った時よりも、少しサバけた雰囲気で、〝変身〟後の興奮を落ち着けようとしているかのようだった。

二階の仕事場から降りてきて一杯飲んでから帰るフラメンコダンサーがいれば、週に六日新幹線で通う会社員もいる。その中心に、北京からやってきたママがいて、半分ドアの開いた小さな世界は回り続けている。

一見《いちげん》の客である私から見れば、人生の大部分を吸い取られる「魔の巣」のようでもあり、心の拠り所となる「団欒《だんらん》」のようでもある。

会計をしながら、ニュー新橋ビルの再開発についてどう思うかと尋ねると、「早く壊してほしい」とママははっきり言った。

「店を辞めるきっかけになるから。もしこのままビル壊さなかったら、私、ずっと我慢してやるしかない。自分の人生、全部この店ですね」

ソウちゃんとのりこ先生に挨拶をして店を出ると、通路までママとモモちゃんが送ってくれた。

「また来てね」と手を振る二人に惹かれたのか、入れ替わるように若いサラリーマンの三人組が中へと入っていった。

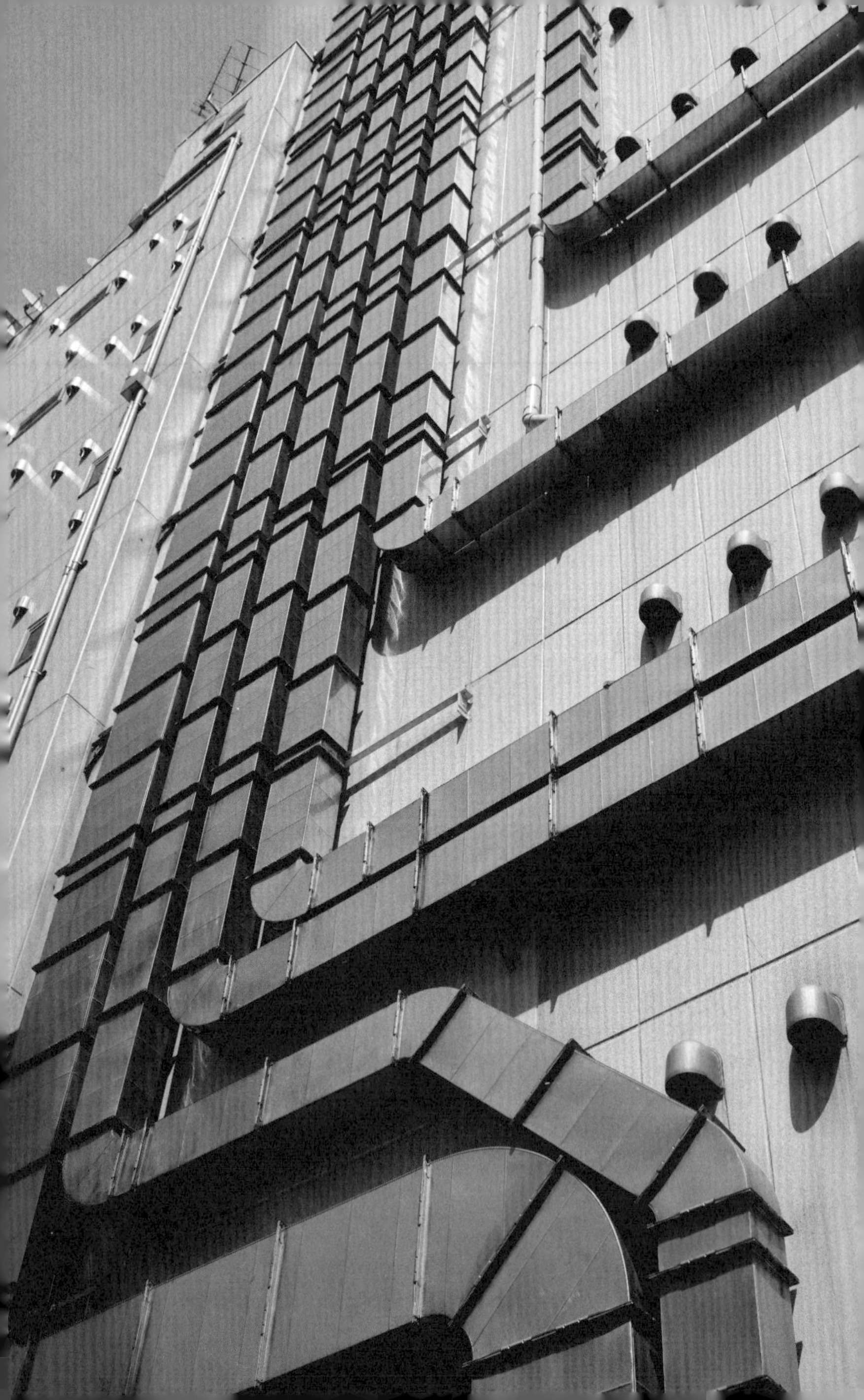

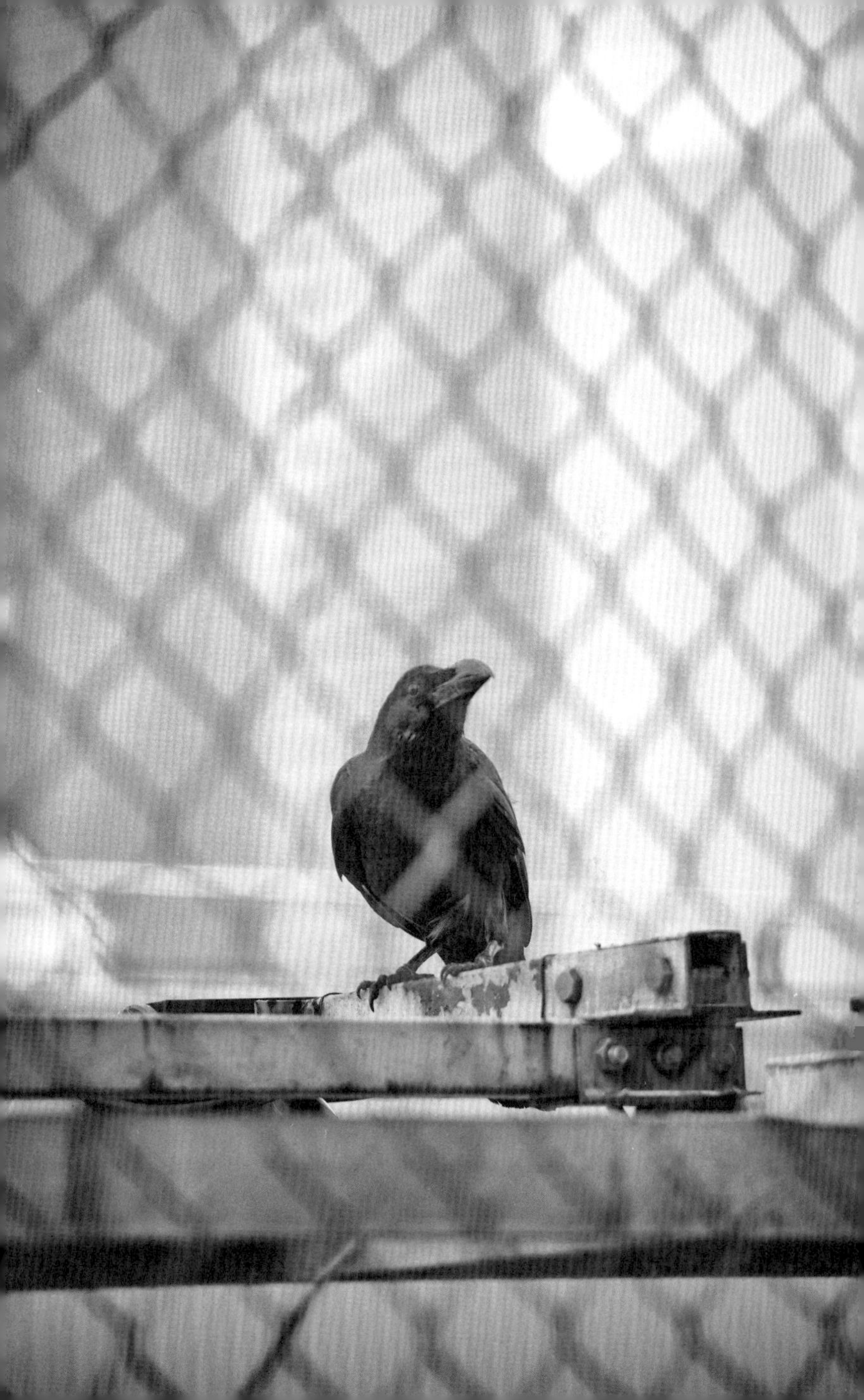

第九章　汐留再開発が支えた幸福の味

名店〈ビーフン東〉の来歴

「建て直しなんていらねえ」

新橋駅前ビル二階にある台湾料理店〈ビーフン東〉の東俊治さんは、私が席に着くなりそう言った。

ランチタイムがあと十分ほどで終わる十四時前に、隅の卓で伝票を整理しながら、東さんはタバコに火をつける。もう何十年も変わらないルーティンの手を止めて、ジャブのように繰り出す早口の関西弁。新橋駅前ビルの再開発について聞きたいと頼んだわけではないが、滔々《とうとう》と語り出した。

「簡単に建て替える言うて、どれだけのお金がかかりますの。うちなんか、このビルが出来た時からあるわけだからもう五十四年になるんですよ。当時の建て直しの時は簡単に潰せる木造の小屋だったでしょう。なんぼでも路面に空き地があったから、建て直しの間はそっちに行けと。ビルを建ててる間も休みなく働いて、ビルができたら週末で引っ越しできた。今度、これ潰して建てるってなったら何年もかかりますよ。じゃあその間どこへ行くの？　再開発委員会みたいものがあるけど、俺は関わり合いたくないから知らん。このビルは分譲ですから、幾らで買い上げてくれるか。その金を娘や息子に渡して『これであんたら次のしい』って、それでさよなら。これまでが、どれだけ苦難の道やったと思ってるの。今でこそこうやって笑えるよ。汐留の高層ビルができる前、バブルが弾けて、どれだけみんなグチャグチャやったか」

〈ビーフン東〉の歴史は、石川県で東さんの祖父が営んでいた高級日本料理店に端を発する。祖父は明治中期に台湾へと渡り、日本海軍指定の高級料亭を始める。現地では海軍の将校クラスのキャリアや銀行の頭取たちが会合や接待に使い、何十人という芸妓や従業員が働いていた。第二次世界大戦中にはマニラにも支店を開くほど繁盛していたが、東さん曰く「栄耀栄華やで」の時代は敗戦とともに終わりを告げる。

九谷焼や清水焼、輪島塗などの「今だったら目を剝くようなお宝」を持ち帰ることもできずに、着の身着のまま引き揚げてくることになる。故郷の石川県、加賀温泉郷の「見渡す限りの大地主」だったという東さんの祖父母の土地も、不在者没収されてしまう。

終戦後の新たな出発点として、東さんの家族は大阪で〈台湾料理　東〉を始める。店は順調に軌道に乗るも「兄弟五、六人が一緒におったって食べていかれへん」と、叔母が東京で新しい店を開くことになり、選んだ場所が新橋だった。

新橋駅前ビルに〈ビーフン東〉を開店する際、大学一年生だった東さんも店内のレイアウト設計に携わったという。

「おばちゃんと建築屋さんと俺とで、コンクリートの地べたに座って、どうしようこうしようって話しして、こういう形にしたわけ。それから一切変わっていない。これ五十四年前のままや。あの提灯もそうやで。俺がいつもあれを掃除してる。誰にも触らせへん。大事やから。常連のお客さんも『あれは他人に触らせるな』って俺に言うからね」

その後、東さんは大阪の店を継いだが、叔母から新橋の店を継いだ弟が他界してしまい、以降は大阪店を息子に任せて、新橋の店を見るようになった。

カウンター越しの広い厨房には、常時五名の料理人が働き、ビーフンを茹でる人、上に乗せる「かやく」を作る人、バーツァンという名物のちまきを蒸す人と、それぞれ役割分担され、キビキビと物言わず働いている。奥に見える木製の棚には、多治見にオーダーしている店名入りの皿がサイズごとに整然と積まれている。

客からの注文は口頭で通され、手際よくカウンターに料理が並べられて、あっという間に客席へと運ばれていく。

カウンターの上には、「提灯」のような照明が等間隔で吊るされていて、厨房を眺めながらビーフンをすする客を照らしている。ランチタイムは相席が基本で、四人掛けのテーブル席に二人客ならば、横並びに座るよう指示される。

ランチメニューは、「ビーフンのかやくが五目、並、天津と三種類、大きさが大中小、それぞれ焼きと汁がありますから、うちの美味しいちまきをつけるかは、自分のお腹の具合に合わせて決めてちょうだい」と実に明瞭。

使っているビーフンは、「うどん、蕎麦しかない時代に、小さな町工場から始まって、それから七十年ずっと付き合いがある」という〈ケンミン食品〉から仕入れている。

焼きビーフンを頼むと、「お好みでニンニク醤油をかけて」と言われるが、これは必須。ビーフンに染み込むニンニク醤油味を、一緒に出される熱々のスープで流し込む。バーツァンの中には豚の角煮とうずらの卵、ピーナツなどが入っていて、宝探しをしているような愉しみがある。シンプルにして十分。食べているのは、ビーフンとちまきなのだが、もっと、それ以上の幸福感がある。いいものを食べたという感慨は、単に食材や料理だけでなく、店全体の空気から生まれるものだ。

政治家だって特別扱いしない

〈ビーフン東〉が政財界の要人から愛されたのは台湾時代からの付き合いがあったからで、多くの文人や映画監督、俳優が店に通ったのは、新橋駅前ビル内にかつて映画配給会社〈日本ヘラルド映画〉の本社と試写室があったからだ。

「昔はこの突き当たりが試写室で、それでよく作家さんや監督さんらが試写を観た後にうちに寄ってくれてた。いちばんすごいのは池波正太郎さん。俺がこっちに来た頃にはもうお亡くなりになっていたから会ったことはないけどね。永六輔さんは、大阪の店に来てくれて以来、時々新橋にも寄ってくれるようになってね。『おい、元気か』って顔を見に来てくれてたな。俺は誰とでも隔てなく喋るからね。王貞治さんも、それから田渕さん、江夏さんも来てくれてたな。田渕さんには『もうちょっと痩せんとあきません』って軽口叩いたら『歩いたら、俺、体に悪いねん』って（笑）。どんな有名人が来てもサインもらったり一切しない。うちの店では誰も特別扱いしないの。政治家さんだって、秘書が名刺持ってやってきたことあるけど、人数揃ってなかったら店に入れないし、普通に並んでもらうから」

この小気味良さ。店に合わせられない客には容赦がない。

「メニュー見て、『五目』って言う客いたら、焼きか汁か、大きさはどれ？　ってなるやろ。こんだけわかりやすいメニューなんやから。横文字で書いてんちゃうで。蕎麦屋に行ったら、もりとかけくらいわかるやろと。寿司屋でも天ぷら屋でも、本当に美味しい店に行ってごらん。カウンターでごちゃごちゃ言うたら怒られるよ。もう帰ってって。俺はこういう性格やから、女房から『お父さん、そんな言い方して、いろんな書き込みされたらどうするの』って言われるけど、上等やないか。『レジに関西弁のごっついおっさんが居る』って書き込みあるらしいけど、当たり前やろ。反対に俺がおらへんかったら『今日、親父は？』って心配されるからな。だから、その店のリズムで食べるのが、美味しく食べる秘訣や」

店の壁に刻まれた年輪

今でこそランチタイムには行列ができ、ネット上の〝書き込み〟を頼りにした客が引きも切らないが、「山あり谷ありの谷が長かった」という。

バブルが弾けた後には、現在の客のおよそ半分、一昼夜を合わせても百人に満たない客しか来なかった。管理費と固定資産税を払うだけでも毎月数十万円を稼がなければならない。そのために手数料五パーセントを引かれるクレジットカードをやめ、客を呼び戻すために夜のサービス料も廃止。厨房以外のホール仕事はすべて夫婦二人で賄《まかな》っていた。

ただし、値段は据え置き、とにかく味は落とさない。開店当時から変わらないボリュームのちまきを作り続け、ジッと耐えるようにして店を回していたところに、汐留の再開発が始まった。

「当時の電通の社長が来て、うちの女房の肩を揉みながら『頑張れ、もう少しの辛抱だから』って励ましてくれたよ」

電通、パナソニック、日本テレビなどの大企業が汐留に移転し始めたのが、二〇〇三年（平成十五年）。バブル崩壊から、おおよそ十年間の「谷」の時代だった。

「一生懸命やってると、お客さんは味方してくれる」

以降、少しずつ客足が戻り、かつてのような繁盛店に戻っていく。ノルマは、「昼百五十人、夜は一回転半での五十人、合わせて二百人」。それだけの数のビーフンが、毎日食べられている。

それまではほとんどスーツ姿のサラリーマンが通っていた店に、比較的ラフな格好をした若い会社員やOLがやってきて、金を落としていく。

〈ビーフン東〉だけでなく、地下街を含めた多くの飲食店が汐留再開発の恩恵を受けている。

二階にあるもう一つの人気店、稲庭うどん〈七蔵《ななくら》〉でランチ時にできる長い行列を見れば、いかに近隣に多様な職種の人々が働いているかがわかる。地下街で営業していた〈七蔵〉は、行列を捌《さば》くために二〇〇五年（平成十七年）に二階の広い区画へ移転している。

人の流れが変わり、救われた店は多い。汐留の再開発がなければ、新橋駅前ビル内の店舗ラインナップは入れ替わりがもっと激しく、味気ないものになっていたかもしれない。

かつて汐留貨物駅があった土地に建てられた日本テレビタワーは地上三十二階建て、電通本社ビルは四十八階建て。それら汐留の巨大なビル群が、迫るようにして九階建ての新橋駅前ビルを見下ろしている。

開店当時から何も変わらない店の中で、「ほら、そこの壁見て」と東さんに言われて振り返ると、木目の壁は、座席の置かれた場所ごとに等間隔でシミのように色が濃くなっている。

「飲んでいる間に、つい寄りかかるんやね」

酔客が頭を持たれかけることで色濃くなった跡は、毎日磨いているのに落ちないのだという。まさしく年輪のように層となって重なり合った客の痕跡が、店の歴史を刻んでいる。

東さんは少し誇らしげに、「面白いやろ」と笑った。

第十章　浮世と現実を昇り降り

SL広場の大盤将棋

ニュー新橋ビル四階には〈東京囲碁会館〉という碁会所がある。

隠れた名店〈とんかつ明石《あかいし》〉に向かうランチ客のほかには、ほとんど人とすれ違うことのない通路に、黒丸に「碁」と白抜きされた立方体の看板が出されている。

「東京囲碁会館　七段　安永一」と創設者の名前が大きく掲げられた磨《す》りガラスに囲まれた室内には、二十四面の碁盤があり、それぞれに背もたれのない椅子が向かい合わせで置かれている。隣席との隙間はわずかで、人がようやく通れるかどうか。すべての席が埋まっているのは見たことがないが、誰も碁を打っていないのも見たことがない。盤に向き合うのは、ほとんどが老齢の男性だ。

戦前に創設された歴史ある碁会所は、ＳＬ広場を挟んだ向かいの現在は場外車券売り場になっている雑居ビルから、三十年以上前にニュー新橋ビルへと移ってきた。沈思黙考する姿から生まれる微かな熱気の満ちた碁会所は、すべてがストップモーションのように止まって見える。

ビル内に将棋会館はないが、冬期を除いた毎週土曜日に、ＳＬ広場に面した入り口付近では、握りこぶし大の駒を使った大盤将棋が行われている。

ニュー新橋ビルが完成した翌年に、歩行者天国の人集めとして十面の盤で始まった路上の将棋に、多くの人が集まるようになり、現在では二十面近い盤が並んでいる。

受付で名前と棋力を用紙に書き込み、それを参考にして対戦相手が選ばれ、盤が空くと名前を呼ばれる。毎週のように通う常連もいて、野次馬がその盤を取り囲み、ほとんど独り言のように打たれた手に批評を加える。

青空将棋のためか、〈東京囲碁会館〉と比べるとよりオープンな空気があり、社交場にもなっている。土曜日なのでサラリーマンの姿はほとんど見かけず、平日とは違う下町としての新橋の素顔を見せてくれる。初老の男性に交じって、毎週通ってくる小学生やアルバイトの早稲田大学の将棋部もいて、年齢層にも幅がある。

この大盤将棋の立ち上げに深く関わっていた居酒屋〈初藤〉の先代社長は、「俺が死んでも将棋は続けろ」と言い残したという。きっと、この自由な空気が好きだったのだろう。

麻雀に興じた団塊の世代

囲碁、将棋どちらにも固定ファンが多くいるが、ニュー新橋ビルでもっとも愛されてきた大人の嗜《たしな》みといえば麻雀だ。ニュー新橋ビルには今も雀荘が三店あり、それぞれに固定客がついている。

四階には屋上テラスに面した〈新雀荘〉とこぢんまりとした〈岡〉、三階には皮膚科や歯科などのクリニックに並んで、広いスペースの〈白鷺〉がある。

客の大半はサラリーマンやリタイアした男性たちだが、時折、年配のマダムたちを見かけることもあり、陽気に誘われるようにティーカップでお茶を飲みながら昼間から優雅に麻雀に興じている。碁会所や将棋会館では同好の士である他人と向かい合う機会がほとんどだが、雀荘には旧知の中で卓を囲む、少人数の同窓会といった趣がある。

けれど、一人で来る客がほとんどいない分、衰退も早かった。

新橋、虎ノ門、浜松町の三つのエリアにまたがる新橋麻雀業組合に登録されていた雀荘の数は、一九八九年（平成元年）には二百二十店舗あったが、一九九九年（平成十一年）に百十店舗、そして二〇一九年（令和元年）にはわずか十七店舗にまで落ち込んでいる。

ニュー新橋ビルの店舗フロアには各階に商店会があり、三階の〈三栄会〉の会長を務める〈白鷺〉のオーナー、上西弘晃さんは、新橋麻雀業組合の副組合長でもある。

「団塊の世代のリタイアが影響していると思うんです。平成元年頃には、四十前後の働き盛りのサラリーマンが新橋には溢れていたんですね。夕方になったらどこもかしこも雀荘は満卓でね。その団塊の世代が退職して、新橋に出てこなくなった。それから、店のオーナー自身も同じように歳を取って、息子や娘に継がそうと思っても、景気が悪いからやっぱりこれは厳しいなと店をたたんでいったんです」

一九八〇年代には〈白鷺〉ともう一軒上西さんが経営していた〈ニュー新橋クラブ〉を含めて、ビル内に八軒の雀荘があった。徹夜で麻雀を打つ客のためにシャッターを閉めてこっそり営業していた店もあり、警察の手入れが度々あったという。

〈白鷺〉はビル内でもっとも高級路線を取った店で、母体は〈姫路燐寸〉という会社だった。昭和四十年代、姫路では全国に流通するマッチの半分以上が作られていた。当時の社長が流通業務の拠点として東京に事務所を設けるよう地元の代議士に提案され、勧められたのが、もうすぐ新しく建てられるニュー新橋ビルだった。

事務所階は競争率が高く外れてしまい、代わりに店舗フロアを申し込むと、二つの区画が当たった。それぞれ三十坪を超えるスペースがあり、管理費やローンを考えると、本業のマッチだけではとても払えない。融資を頼んだメインバンクの支店長に相談すると、即座に雀荘を提案された。

上西さんが婿入りして〈姫路燐寸〉で働き始めたのが、ちょうどニュー新橋ビルが竣工した一九七一年。しばらくして、本業での東京出張のついでに、ニュー新橋ビルの二軒の雀荘を視察するように義父から言われた。

「初めて行ってみたら、ものすごく照明が暗かったんです。麻雀牌はかろうじて見えるけれど、対面の表情がほとんど見えない。私はイメージが悪いと思って、『こんなのやめれ、明るくせえ』と言った記憶がありますね」

子どもの頃に麻雀を覚えていた上西さんは、以来、本業の傍ら雀荘の経営にも少しずつ携わるようになる。

大衆向けの〈ニュー新橋クラブ〉ではサラリーマンだけでなく、ビル内で働く板前やコックも仕事の合間に卓を囲んでいた。一方で高級路線の〈白鷺〉には絨毯を敷き、接待でも使えるよう設えた。客は麻雀を打ちながら、出前で鰻や寿司を頼んでいた。

「〈白鷺〉には大会社の偉いさんも来ててね、卓を囲んでいる最中に秘書から『社長いますか?』って、電話がかかってくるんです。『今、いいところなんだからダメだよ』とか代わりに副社長が言ったりするんだけど、『しょうがねえなあ』って電話で指示して、また戻ってきて打ってる。大らかであっけらかんとしたもんです。麻雀の不健康で暗いイメージっていうのはどうしたら払拭できるかなと思うんですよ。『釣りバカ日誌』みたいなさ、明るい麻雀漫画があったらいいのに。なんとも言えないペーソスがあるんだから、麻雀には」

麻雀のペーソスを伝えるために

麻雀全盛を知る上西さんも時代の流れには抗《あらが》えず、客の減った〈ニュー新橋クラブ〉を二〇一八年に閉め、今後は〈白鷺〉に来てもらうように常連たちに頼んだ。リタイアして広島から月に一度上京し、都内に住む友人たちと卓を囲む常連もいる。ただ、そのうちの誰かの状況が変わって欠けてしまえば、残りの三人も来なくなってしまうだろう。

そうやって、少しずつ麻雀人口は減っているが、上西さんは伝道師として、主婦相手の麻雀教室で講師を務めるなど、さまざまな活動をしている。

〈白鷺〉や四階にある〈新雀荘〉では、全日本大会を始め、プロの大会も定期的に行われていて、最近ではネット上で開催されている大会の決勝戦を行うこともある。

「ネットで麻雀を始めた若い人たちはこれまでの客層と全く違いますね。初めて面と向かって人と対戦するという人がいるくらいですから。席決めとか、最初の牌は六枚ずつ捨てるとか、マナーを一から教えてあげてね。でも、とても強いよ」

麻雀の形態もまた、時流に合わせて変わっている。

〈姫路燐寸〉が本業のマッチの生産をやめたのは二〇〇六年（平成十八年）だった。八十歳を超える上西さんは、マッチと麻雀という、どちらも前時代の象徴のような酔狂なものと生きてきた。

「今はビルの建て替えの話が出ているけどね、〈白鷺〉はそれまでは生かしておきたいんだよ」

〈白鷺〉には、今は絨毯ではなく赤いフロアマットが敷かれ、天井のむき出しの蛍光灯がそれぞれの卓を照らしている。卓の間を仕切るように観葉植物が置かれ、上着を掛けるための低いレールがその脇を這っている。客のいないガランとした店内には十五卓が並んでいて、そのうちの一つに予約席の赤い札が置かれていた。

金券ショップのルーツ

ニュー新橋ビルは三階、四階と階を昇るにつれ、通路を歩く人の数がまばらになって、医療関係の看板が多くなっていく。皮膚科、アレルギー科、歯科などのクリニックのほかに、性病科医院まである。

それらの生活と密着した業態に並んで、三階にはファミコンショップ〈マリオ〉、四階には鉄道グッズ専門店〈交通趣味ギャラリー〉があり、どちらも門外漢にはなんの価値もないマニアックなアイテムを扱っている。だが、碁会所や雀荘を含めたそれらの趣味性の高い好事家の店こそが、ニュー新橋ビルを夢の国たらしめている。

それが三階、二階と降りるごとにまた現世へと戻ってくる。二階でマッサージ嬢たちと挨拶を交わしてから一階にたどり着くと、碁会所や雀荘のような〝遊び〟の世界とは対極の、現実的な〝商売〟である金券ショップがずらりと並んでいる。

ニュー新橋ビル一階には金券ショップが二十店舗近くあるが、扱われる商品にはほとんど差がない。映画や展覧会の前売り券、新幹線の回数券、株主優待券、外国貨幣……。同じようなラインナップが並ぶ店を、それぞれ違う企業が営んでいる。

ニュー新橋ビル十一階に事務所を構える〈日本チケット商協同組合〉の監事を務める伊集院浩二さんによれば、金券ショップの始まりには二つの説があるという。

「神田にあった古銭商の〈大島コイン〉が、首都高速の高速券や商品券を額面の七十パーセントで仕入れて、九十パーセントで売るような商売を片手間でやり始めたのが最初だという説と、大阪のキヨスクみたいな売店のおばちゃんが、券売機に並んでいるお客さんに、買っておいた回数券をバラ売りしてたのがルーツという説があるんです。回数券って十枚分の金額で、十一枚もらえるじゃないですか。私としては、歴史が長いので、切手商、古銭商が片手間で扱い始めたのが最初のような気がしますけどね」

ニュー新橋ビルで金券ショップの出店が始まったのはおよそ三十年前、一九八〇年代半ばのこと。新宿で質店を営んでいた〈新宿屋〉がSL広場に面した区画へ出店し、同時に神田にあった古銭商へと奥さんを修業に行かせて、金券を扱い始めた。もう一軒、同時期に出店したのが、日本で最初に専業でチケットショップを始めたという〈アーチ〉だった。

伊集院さんによれば、神田や新橋で金券ショップが増えていった一つの要因は、サラ金と呼ばれた高利貸しが多くあり、「その軍資金にするため、っていうニュアンスがあった」という。その後、サラ金への規制が厳しくなって、神田にあった金券ショップが落ち込んでいく一方で、ニュー新橋ビル一階には出店が増え続け、金券ショップ街が形成されていく。そこには、近隣の再開発の有無が影響していたという。

「秋葉原と東京駅は再開発が入りましたけど、神田は再開発がなくて、周囲も中小企業ばかりになっていった。新橋は汐留の開発もあったし、霞が関に近いこともあって、どんどん栄えていって、それで生き残った。チケット屋は売ったり買ったりのビジネスですから、人の流れが多いところでないとできないですから」

ただし、出店が増えれば、競争も厳しくなる。ルーツと言われる〈大島コイン〉が七割で買って九割で売るという高率だったのに対し、伊集院さんが店を始めた三十年前にはすでに三パ

ギフトカード
プリペイドカード
宝くじ
JCB ギフトカード
UCギフトカード
シェフ クルメカード
ハロウィンジャンボ 5億円 ミニ 3,000万円
toto
BIG ビッグ
宝くじ
NUMBERS
ハロウィン ジャンボ
本日最終日
昨年11月に続き ロト6 1等が出ました
祝 当選速報
1等
73,241,900円
ギフトカード
ご購入いただけ
UCギフトカード
VJA ギフトカード

ーセントの手数料を取るようなビジネスに変わり、過当競争となっている現在では、ものによっては0・5パーセントの利ざやを稼ぐような薄利多売の商売になっている。

時代によって商材も変わり、八〇年代のテレフォンカードが九〇年代にはハイウェイカードになり、新幹線の回数券のような定番商品が生まれていく。

次にどんな商材を見つけてくるかが、そのまま売り上げに直結し、航空券や株主優待券などが発掘されていった。

十五年前に金融の自由化が始まってからは、外貨両替も行うようになり、数年前までは添乗員に連れられて海外からのツアー客がニュー新橋ビルで両替をする光景も多く見られたが、最近はキャッシュレス化の波に押されて停滞気味。かつて人気商材だったコンサートやスポーツ観戦などの特定興行券は、「チケット不正転売禁止法」が施行され、定価以上では売ることができなくなった。

現在は海外への国際送金業務が増え、今後は逆にキャッシュレス取引の手数料に商機を見出しているというが、金券ショップを取り巻く状況は、年々、厳しくなっている。

いかにして金券で儲けるのか

滋賀県を拠点に五店舗を展開している〈日本チケット商協同組合〉の理事長・深尾一広さんは、それでも運と才覚を駆使すれば儲かる面白い商売だと強調する。

「例えば、新幹線の回数券はクレジットカードで買えます。で、それを九十五パーセントで東京の業者が買うとします。すると売った人は五パーセント減るけれど、その場で現金が入るわけですね。なぜそういう需要があるかといえば、クレジットカードならば支払いは翌月でいいわけで、今すぐ現金が欲しい人は相当数いるんです。目の前の資金繰りに追われている人が。それを東京の業者が手数料を引いて、私のような地方の業者に流せば、それだけで利ざやが稼げるわけです。そういう回数券は地方ではほとんど持ち込まれませんから、地方の業者も儲かる。資金繰りに新幹線の回数券を持ってくる人は百万円とか二百万円の単位ですから、稼げるときには稼げます。景気に左右されますが、景気の浮沈と完全にリンクするわけでもない。その流れを読むのが経験と勘と言いますか」

つまりはそういうカラクリで、ニュー新橋ビル内に二十店舗近くある金券ショップは、互いに牽制し合いながら価格を決めている。伊集院さんが営む〈新橋チケット〉でも、他の店の価格チェックは欠かせない。

「『あ、あそこの店が安くした』と言って、慌てて対抗して安くしたり、同じ値段に合わせたり、朝イチと夕方とでは値段が二、三回変わることがあります」

USD
(ドル)

需給バランスを保ちながら、刻々と仕入れ値と売値を変えていく。他の店との駆け引きに勝利することができればリターンも大きい。

「バブルの頃は、スタッフ数名の店舗で年間百億円ぐらい売る店がたくさんありました。私が神田で店をやっていた九〇年頃もやっぱり百億売っていて、『週刊ダイヤモンド』が取材に来て、偉そうにペラペラしゃべったら、すぐ国税局が来ちゃいましたから（笑）」

当時とは利益率に違いがあるとはいえ、金額が細かく記入された値札がびっしり貼られた金券ショップの小さなカウンターの裏には、その大きなビジネスの残滓《ざんし》が今も残っている。

十一階にある事務所で二人への取材を終えて、一階まで一緒にエレベーターで降りた。

やはり階上に比べると日中の一階は〝現世〟感が強く、二人の話を聞いた後では、店頭の金額表示が切実なものに見えてくる。東京〜名古屋の新幹線指定席が一万円弱、東京〜新大阪間ならば一万三千円前後が相場だったが、幾つかの店を見比べると確かにわずかな差があり、その数十円の差に会社の命運がかかっているのだろう。それらをつぶさに観察しながら回遊している客がいる。

ガラスケースの中には米ドル、中国元、ユーロ、オーストラリアドルなど、さまざまな国の紙幣が輪ゴムで束ねられて積まれている。

そのむき出しの現実感に当てられつつ、伊集院さんが経営する〈新橋チケット〉に行くと、深尾さんが男性の店員に「あれ持ってきて」と気安い口調で声をかけた。横目でその様子を観察していると奥から出されたのは、缶ビールだった。喉が渇いていたのか、深尾さんはサラリーマンが行き来する店の前の通路に立ったまま、ほとんど一気に飲み干した。

深尾さんの豪快なシャバっ気と、伊集院さんの紳士的な対応とのギャップには、それぞれのビジネス観が如実に表れているようだった。

二人はこれから組合の会合があり、「銀座でメシを食う」のだと談笑しながら去っていった。

新橋はサラリーマンだけの街では決してない。囲碁や麻雀を昼間から楽しむ浮世の達人のような人々もいれば、チケットの相場に目を光らせ続ける現実主義の商売人もいる。

四階から一階へと降りてくると、ニュー新橋ビルが自由の象徴のようにも思えてくる。

YAMAHA
Pioneer
Shachihata
ZEBRA

第十一章　水槽に映るファミリービジネス

ブローカーが集う喫茶店

打ち合わせに使っていたニュー新橋ビル二階の喫茶店〈ポワ〉が二〇一七年（平成二十九年）に閉店してからも、新橋では休憩場所を探して迷子になることはなかった。地下一階にはいち早く都の受動喫煙防止条例に対応して喫煙スペースを設けた〈フジ〉があり、三階には喫煙可を貫いた〈カトレア〉がある。

強い日差しが差し込む窓越しに、ニュー新橋ビルの外観を覆う白い格子状の外壁が間近に見える〈カトレア〉の店内には、開店以来もう四十年以上、中央にグランドピアノが置かれている。かつては夕方からアルバイトの音大生が映画音楽を奏でていたという。

ジャズでもクラシックでもなく、どこかで聞いたことがあるけれど、ポピュラーミュージックほど耳に障らない映画音楽。その選曲の塩梅《あんばい》が、少し高級な大衆の店という〈カトレア〉の在り方を示している。今はＪＡＳＲＡＣが著作権料を徴収するようになって、その美しい音色を耳にすることはできない。

ゆとりのある低い座面の白いソファに集うのは、サラリーマンが主だが、いわゆるブローカーと呼ばれる職業の男たちも多く見かける。いつ行っても店の一角に陣取り、少し離れた席でも聞こえる大きな声で話していて、「あの土地さ、買ってほしいって頼まれてんだけどさ」とか、「あいつの借金って、いくらあるんだっけ？　それをどうにか返済する方法を考えているわけ」とか、漏れ聞こえてくるビジネストークについ耳をそばだててしまう。

怪し気な男たちが、まったく同じカバンを持ってきて、ソファの下で入れ替えて持ち去る瞬間を見た知人もいる。

店長の佐々木範尚さん曰く「昔は明らかに〝その筋〟とわかる方も多かったけど、今は監視カメラがたくさんあるからね、ほとんどいらっしゃらない」。

ブローカーたちは、〝その筋〟との繋がりをつい連想してしまうほどに独特のオーラを放っていて、ファッションも明らかに堅気のそれではない。黒いタートルネックにツイードのジャケットを羽織っていたり、首元にスカーフを巻いていたり。

上質なスーツを着た兄貴分が上座に座り、下座には、少しくたびれたジャンパー姿が座っている。そのあからさまな上下関係に慄《おのの》いてしまうが、ここにいると彼らこそが〈カトレア〉にもっともふさわしいようにも思えてくる。年季の入った高級大衆路線の喫茶店にたむろする、何を商売としているのかわからないが、金の匂いに敏感な男たち。

彼らの中に混じると、時折店にやってくる「純喫茶巡り」を趣味とする女の子たちが明らかに浮いて見える。コーヒーフロートを頼み、iPhoneで写真を撮る彼女たちの横では、大股を開いて座るブローカーが「鎌倉の駅前にある土地なんだよ、ずっと探してたって聞いたよ」と話している。

白いワイシャツに黒いエプロン姿の店長は、常連の彼らとも目を合わすことなくコーヒーを出し、お冷を補充すると、カウンター前の定位置に戻っていく。

しばらくすると、あれほど浮いているように見えた純喫茶巡りの女の子たちも、店に馴染んで違和感がない。〈カトレア〉の懐は深く、どんなタイプの客も呑み込んでしまう。

八十七歳で店に立つ母親

ニュー新橋ビルに比べると新橋駅前ビルの喫茶店は、洋食屋としてのテイストが強い。一階にある〈カフェテラス　ポンヌフ〉の名物は、ハンバーグスパゲティで、大量のナポリタンに手ごねハンバーグのついたランチメニューに行列ができる。私もたまに食べに行くが、年齢のせいか、圧倒的なボリュームに最後はいつも胸焼けしてしまう。それなのに半年もするとそのことを忘れて、また吸い寄せられてしまう不思議な食べ物。

新橋はナポリタン激戦区とも言われ、他にもナポリタンを売りにする店が何軒もあるが、その流れからできるだけ距離を置いて、新橋駅前ビルの竣工時から我が道を歩んでいるのが、地下一階の〈パーラーキムラヤ〉だ。

一九六六年（昭和四十一年）に、地下一階に〈パーラーキムラヤ〉が開店した頃には、現在店の前にあるJR汐留口の改札へと繋がる地下通路の入り口はまだ無かった。

創業以来、店頭に置かれているガラスケースには、ナポリタンやホットケーキ、クリームソーダ、プリン・ア・ラ・モードなどの食品サンプルが陳列されている。開店当時四歳だったマスターの和田耕一さんにとって、店での最初の記憶はこの食品サンプルを触った感触だった。当時はまだ珍しかった食品サンプルを酔っ払いがガラスを割って盗もうとしたことがあり、閉店後には店内に仕舞っていたという。

店内にはえんじ色と白を組み合わせた座面の低いソファがタイトに置かれ、中央の水槽では熱帯魚が泳いでいる。小さな厨房を囲むようにしてカウンターがあり、壁にはビルが建てられ

キムラヤ
KIMURAYA PARLOUR
軽食 パーラー キムラヤ 珈琲 洋菓子
Coca-Cola
Coca-Cola

た当時の重厚な新橋駅のモノクロ写真や、雪山の写真などが飾られている。

開店当時の様子を知るために、いまも店に立つマスターの母親、栄子さんに話を聞いた。「当時は、店の前が壁だったんですよね」と水を向けると、八十七歳になる栄子さんは目を見開きつつ、元気な声で話しだした。

「そうでございます。デーンと壁でございましたのよ。地下の一番奥でございますからチンドン屋さんにお願いして、ドンドコドンドコ、チンチコチンチコ、地上で宣伝していただいたんですね。うちの人が『最初にいらっしゃったお客様が女性だと店が繁盛するんだよ』って、そういうことを言う人だったんですよ。それで、ありがたいことに『よろしいでしょうか』って最初のお客様が女性の方で。それでバンザイ！（笑）。ああ、よかったって」

地上でビラを撒《ま》いた成果か、願掛け通りに店は順調に繁盛していく。カウンターにも席を置くほどの盛況で、モーニングでの相席は、それから現在まで続く店のルールになっている。

栄子さん曰く「うちの旦那は厳しい人だから」、できあいのソースは使わない。スパゲティのソースは、大量の玉ねぎをみじん切りして飴色になるまでじっくり炒めて仕込んでいる。これも今も変わらない。

笑わないマスターの写真

栄子さんの話の端々には、店を始めた亡き先代の影がちらちらと現れる。

「うちの旦那はとにかく間違ったことをしない人だから」

「なんでも『俺に任せておけ』こういう人でしたから」

家父長制の時代の名残りを感じさせるフレーズが繰り返される。

終戦直後に富山から上京した栄子さんが夫となる会社員に出会ったのは、住み込みで働いていた新橋の寿司屋だった。店の常連だったその男性との初デートで有楽町での美空ひばりのコンサートに行くと、帰りに「うちに寄ってみるかい？」と誘われた。ついていくと、八人兄弟の大家族が快く迎えてくれ、まだ幼い弟たちもすぐに懐《なつ》いてくれた。

「もう家族に惚れちゃった。旦那に惚れたんじゃなくてね」

そう朗らかに笑うが、夫はとにかく厳格な人だったという。間違ったことはしない大家族の長兄。当時はコーヒー卸業の会社で働いていて、一目で、「どこ産の、どういう豆かがわかる人」だった。会社員時代に知り合った現在の店のオーナーから誘われ、脱サラして〈パーラーキムラヤ〉を始めた時にも「俺に任せておけ」とだけ言って、詳しい説明は何もしてくれなかったという。

店の奥のソファ席で栄子さんに話を聞いていると、エプロンを着けた女性が「大丈夫ですか？　私、娘なんです」と話しかけてきた。マスターの姉である佳子さんは席には座らず、客足が途絶えた合間に、父親が厳しく、そのためにかつての母親がいかに大人しかったかを教えてくれた。

「父が他界して、姑が他界して、それまでの母の五十年がパーっと霧が晴れたようになって。今は、すごく明るく喋ってますけど、六十半ばぐらいまでは全然こういう性格ではなかったんです。寡黙というか、我慢でしょうか。それが弾けて、今のキャラクターに（笑）」

八十七歳とは信じられないほど快活な栄子さんは、いまもカラオケ教室に通っては美空ひばりを熱唱しているという。

「ここで『いらっしゃいませ』って声帯を使っているからか、どうしてか声が伸びるんです。みなさんそれでびっくりなさいますよ。あ〜〜、なんて発声練習を、いつまでもやっているもんですから（笑）」

栄子さんは今も夕方から耕一さんと入れ替わるようにして厨房に入り、フライパンを振ってナポリタンを作っている。

「うちの旦那は釣りが大好きだったんですよ、ほれあそこに写真が」と、栄子さんが指したレジの脇には、厳格だった先代マスターが照れくさそうに笑っている写真が貼ってある。

「釣り新聞に載ったんです。鯛を四十三枚も釣って、それを並べて、カメラマンから『はい、笑って』って。その笑っている写真を葬儀の時にも使いましたけれども、普段はにこっと笑うような人じゃなかったんです。本当に頑固オヤジで。『あんなににこっと笑ったの初めて見たね』って、親族がみんな言うくらい。

釣った魚を店の水槽に入れて餌をやるから、どんどん大きくなっちゃって、お客さんに水ひっかけちゃって。常連のタクシーの運転手さんに『海へ放しに連れてってくれるか』って。『お父さん、水槽に入れないほうがいいんじゃないの?』なんて私が言おうものなら、『お前は余計なことを言う』って怒られるに決まってますから黙ってましたけどね（笑）。でも、そういう人についてきたから、いまの元気がありますの。店のルールは全部自分一人で決めて、それを息子が守ってますから。だからありがたいことに繁盛してるんですよ」

家族の中心にはいつも店があった

店の経営に関してほとんど具体的なことを口にしなかった先代が、亡くなる一年ほど前から、息子の耕一さんに「書き留めろ」と指示を出すようになったという。耕一さんは慌てて書き取ったレシピをファイルにまとめ、ほんの少しのアレンジを加えながら受け継いでいる。

「一応いまは私が社長ですけれども、九十九パーセント父の匂いが残ったままの状態です。だから従業員には私を『社長』とは絶対に呼ぶなと。社長は私の父なんです、ここに居なくても。父の作り上げた雰囲気を求めて、お客さんも来てくださってると思うんです」

壁に貼られた山岳写真は、登山の打ち合わせでよく来ていた常連客が持ってきたもの。水槽の脇に置かれた船の模型は、伊豆七島の御蔵島出身の常連が、御蔵島航路で使われる船の模型を自作して持ってきたもの。父親の時代の常連客たちが置いていった品々が店内を飾っている。

耕一さんは、毎朝始発に乗って朝五時半に新橋にやってきて、二十四時間スーパーで買い出しをしてから仕込みをして、七時半からのモーニングに間に合うよう店を開ける。夕方四時過ぎに栄子さんがやってきて、二時間ほど一緒に働いてから、耕一さんは帰宅する。忙しい時間のホールには姉がいて、厨房の中では甥っ子も働いている。

〈パーラーキムラヤ〉には、不在の父を囲むようにして家族が集っている。まさにファミリービジネス。この半世紀、家族の中心にはいつも新橋駅前ビル地下街の店があった。

「変な言い方ですけれども、母をどれだけ長く働かせることができるかって考えていますね。働いているからああして元気でいてくれるので。状況によっては早仕舞いにするとか、日々の負担を少しずつ減らして、その代わりあと一年、あと一年という感じで長く働いてもらうのが、母の元気をキープするために必要なことなのかなと思っています」

汐留の再開発があるまでは、客の大半はスーツを着たサラリーマンだったが、今は客層に幅がある。純喫茶巡りの女の子たちが、新たな名物となったプリンを頼んでいても、〈パーラーキムラヤ〉ならまったく違和感はない。スーツ姿の男性がパフェを頼んで、ゆっくり向き合っている姿もよく見かける。いまではスイーツを頼む客の七割が男性だという。

一九六六年当時の成人男性のサイズに合わせた座面の低いソファは少し窮屈で、商談には向かないかもしれない。だがそのために、純粋に「喫茶」の時間を過ごす客が訪れている。

色鮮やかなメロンソーダを飲みながら、壁が取り払われ、改札へとすぐにアクセスできるようになった地下通路の喧騒を眺めていると、水槽で釣った魚を飼っていた先代の気持ちがわかるような気がしてくる。レースのカーテン越しに人が滔々と流れていく。

第十二章　二つのビルとチベットを行き来して

自宅の玄関よりも狭い店

「どちらのビルにもお店を出していた素敵な飲み屋さんがニュー新の二階にありますよ」と、〈たこ助〉のたこママから教えてもらうまで、そんな店があるとは知らなかった。

二階の階段脇に貼られた案内図で確認すると、その小料理屋〈陽だまり〉は、〈ニュー新橋バーバー〉や〈ラズベリードール〉のあるメインストリートの中ほどにあった。

実際に行ってみると、「え、ここ？」と拍子抜けするほど知った場所で、すぐ隣のマッサージ店の前にも馴染みの客引き嬢がいた。いつものように他愛のない会話をしてから、初めての扉を開けて店の中に入ると、通路に充満している雑然とした空気が一変した。

静かな店内にはカウンターに数席、奥には畳の小上がりがあり、丸いちゃぶ台の周りに座布団が敷かれている。設えたようにぴたりと収まっている壁一面の古い和箪笥が店の格を窺わせる。

　和装の女将さんが「お帰りなさい」と初見の私を迎えてくれた。

〈たこ助〉のママに教えてもらったんです、と切りだすと「ああ、1号館の入ってすぐのところね、私、2号館で店をやっていたから向こうのこともわかるのよ」と女将の服部たみ子さんは言った。物腰の柔らかい上品な口調が、異世界に迷い込んだような感覚を助長する。

　服部さんが最初に店を出したのは、四十年ほど前。新橋駅前ビル2号館地下の〈たみ〉という名前の小さな小料理屋だった。

「本当は私の知り合いがお店をやるはずだったんです。それで『お前、ちょっと一緒に見てくれる?』というのでついて行ったら、あまりにも小さな店だったので、その知り合いが『お前やりなよ』って。私、子どももいたし、主人もいたし、あの時なんで『やる』って言っちゃったのかな。なんとなくフッと返事をしてしまって。自分の家の玄関より狭いお店だったのにね。子どもを連れて行って『お母さん、ここでお仕事するから』って」

「玄関より狭い店」という強烈なフレーズに引っかかっていると、「オープンしてからも知り合いは一切呼ばなかったの。だって、うちの主人、社長だから、『服部さんの奥さん、なんで?』ってなるじゃない」と言葉が続いた。

だが、毎日違う着物を着て客を迎え、自宅のキッチンで時間をかけて作った料理を出す店が、評判にならないはずがない。カウンターだけの小さな〈たみ〉はすぐに毎晩、客で溢れるようになり、入りきれない客は隣の店を紹介して送り込んでいたという。

周囲の店からはその繁盛ぶりを妬まれ、嘘ばかり言いふらされたというが、しばらくすると「ママだったら絶対潰さないよね」と隣の店のママが自分の店を借りて欲しいと相談に来た。そうやって支店のようにして狭い通路を挟んで三軒の店を営むようになる。当時は、三味線を弾くおばあさんを雇っていたこともあったという。またしばらくすると、借りていた物件を「買ってちょうだい」と相談されて、二軒を購入することになった。

混雑時には馴染みの客が新規の客のために席を空けてくれ、ビルの外に出て麻雀を打って遅い時間に戻ってきたりもした。ツケで払う客はおらず、代わりに一年分数十万円を先払いして通う客もいた。生活のために商売をしているわけではない女将の余裕は客にも伝わるのか、上客ばかりが増えていく。店が終わると気の合う常連客と連れ立って飲み歩いては、朝帰り。夫から「君は何をしてる」と呆れられたという。

騙されても恨まない

そこまで話したところで、「これ、うちの定番です。骨まで食べられるから、食べ終わったらおつゆも飲んでみてください」と、イワシを出汁で煮た料理を出してくれた。店にメニューはなく、客の腹具合に合わせてお任せで見繕ってくれる。

服部さんが新橋駅前ビルの店に来ていた客伝いに、スナックだった二階のこの店を紹介されて、西口のニュー新橋ビルに店を出したのは二十数年前のこと。税理士からも「ママさん、地上に出なよ」と言われ、スナックをそのまま引き継ぐ形で店を始めた。新橋駅前ビル2号館地下の小料理屋〈たみ〉に入りきらない客が、ニュー新橋ビル二階のスナック〈たみ〉でカラオケを歌って戻ってくる。新橋駅を挟んで同じ店の客がグルグルと循環していた。

だが、ある時、地下の小料理屋に戻ってきた客に、地上のスナックに行ってきた証拠として領収書を見せられ、閉店後に売り上げを確認すると、その分がどこにもなかった。雇っていたスナックのママが着服していたのが発覚してクビにする。

「でもね、私は人を恨んだり、いじめたりするのって嫌いだから。そういう風に騙されても、私の見る目がなかったんだなと。その人に言ったって、使っちゃったって言われたらどうしようもないじゃない？」

人を使って店を営むよりも、信頼できる客だけを相手にした静かな店をと考えるようになり、所有する新橋駅前ビルの地下街の店を人に貸すことにした。

代わりにニュー新橋ビル二階のスナックを、「茶の間で飲んでいるような落ち着いた店にしたい」と、自宅にあった巨大な和箪笥を壁一面に収まるように大掛かりな改装をして、二〇〇〇年に〈陽だまり〉として生まれ変わらせた。

当時、店の前には書店があり、近くには文房具店や雑貨店があった。小料理屋も何軒かあり、戦後マーケット時代の横丁の雰囲気がまだ残されていた。店が出来て数年で中国系マッサージの出店ラッシュが始まり、現在のような猥雑で混沌としたメインストリートができあがる。

「でもね、モノは考えようで、ここは静かでいいんですよ。周りの店の料理の匂いもしないし、うちで騒いだって文句も出ない。それに、知っている人しか来ないですから。ごくごくたまに初めてのお客さんがいらっしゃるけど、この静かな雰囲気がいいのか、お馴染みになってくれますから。みなさん、おばあちゃん家に来たようだって寛《くつろ》いでくれるんですよ」

夫のチベット行脚に同行する

トイレに行こうと席を立って店を一歩出ると、通路では相変わらずマッサージ嬢が客引きをしている。白々とした蛍光灯のせいか、酔っ払って気の大きくなったサラリーマンたちの騒ぐ声が響いているせいか、現実に一気に引き戻される。

店内に戻ると外から隔絶されたように、物語の続きが始まる。店の歴史から、社長である夫の人となりへと話は移っていった。

「うちの夫はコンサルタントや貿易関係の仕事を主にしていたの。でも、男のロマンでチベットに学校を十一校も造ったりしたのよ。ボロボロになっているお寺を直してあげたりもしてね。その代わり、亡くなるときに私には一銭も残しませんでしたけど（笑）」

社長夫人である服部さんは、夫のチベット行に何度も同行した。大量の本をスーツケースに詰めて、車で悪路を走り、学校を見つけると訪ねて行って直接、本を手渡す。学校建設を手伝い、図書館を造り、留学生を日本に呼んで面倒も見ていた。

ダライ・ラマ猊下《げいか》とも付き合いがあったが、中国政府から目をつけられることを嫌って、服部さんは夫が亡くなってから初めて謁見した。チベットにも夫の石塔を建て、その墓参りを兼ねて、来年もチベットに行くのだという。

「時々はね、店に来てカウンターのその辺に座ってニコニコしてましたよ。誰も私の旦那だって気付かない。お客さんとのバス旅行に一緒に行ったこともありましたしね。昔は近くにケーキ屋さんがあって、そこへ主人が迎えに来て一緒にタクシーで帰ったりしてました。お客さんにはしばらくは黙ってましたけどね、結婚していることは。カウンターの中に入ったら花でいなきゃならないでしょう。主人は穏やかな人でね。私が勝手なことを始めても、全部許してく

れました」

猥雑な現代のニュー新橋ビルからチベットの高地へと話が飛び、四十年前の新橋の夜に着地する。その飛距離に眩暈《めまい》がするようだった。

着物姿で自転車通勤する女将

店に入って一時間ほどすると、二人の初老の男性客がやってきた。他の店で飲んでいたらしく、すでにかなり出来上がっていて、話が止まらない。どうやらサラリーマン時代の仲間で、リタイアしてから久しぶりの再会のようだった。かつて二人で通っていた新橋駅前ビル2号館地下の〈たみ〉に行こうとしたが見当たらず、ニュー新橋ビルにもう一軒あったことを思い出して、〈陽だまり〉を探し当てたという。

丸の内の大手銀行に勤めていたという男性は、「仕事、楽しんでますか?」と私にも話しかけてきた。「まあ、はい、楽しいですよ」とだけ返すと、「ああ、それは素晴らしい。今の若い人たちは、仕事って嫌々やってるでしょう? 仕事ってのはさ、楽しいもんなんだよ。そういう人に出会えて嬉しい! 乾杯しよう」とビールの入ったグラスを掲げた。

先輩たちが地下の店で飲んでいた景気の良かった時代を、少し冷ややかに見てしまうこちらの目線には気づかずに仕事論をふっかけてくる男性と、引退して東京から山梨へと引っ越して登山をしているという男性との意見は嚙み合っているようには聞こえなかったが、往年の熱気がそこにはあって、やはり二人の再会は新橋でなくてはならなかったのだろうと思った。

服部さんは料理を作りながら、我々の会話をやんわりと受け流している。

七十六歳を過ぎた服部さんは、毎日、森下にある自宅から新橋へと幌付きの自転車で通っている。

午前中に葛西臨海公園にある辰巳市場へと買い出しに行き、午後四時には自宅を出て、雨の日も風の日も、四十五分ほどかけて新橋へとやってくる。

昭和通りと晴海通りがぶつかる歌舞伎座前の交差点で信号待ちをしていると、幌付き自転車に乗り、着物姿で下駄を履いた服部さんを珍しがって、海外からの旅行者から写真を撮られることもある。娘からは「お母さん、暴走族だね」と冷やかされるが、自転車での往復はやめられない。

「帰りも面白いのよ、いろんな人がいるから。夜の十二時にビルが閉まるでしょう。でもお馴染みが遅くまでいたらもう少しだけ飲ましてあげて、それから片付けて帰るから二時ちょっと過ぎ。女の子が酔っ払ってぐでんぐでんになっているところに、全然知らないおじさんがやってきて介抱してるふりしてリュックからお財布抜いているのを見たこともあるし、隠れたつもりで年齢のいったカップルがいちゃいちゃしているのも見かけるし、街の裏の顔っていうのかしら、観察しながら帰るのよ」

服部さんがその目に映してきた風景の多様さに痺《しび》れてしまう。

ではそろそろと先輩たちに会釈をして会計を済ませると、「ありがとうございます。行ってらっしゃい」と送り出された。それが〈陽だまり〉のお決まりの挨拶らしい。

店を出た後も、旅先の夜のようなゆったりとした浮遊感は収まらず、マッサージ嬢たちと挨拶を交わしても、一向に現実に引き戻される気配はなかった。

エスカレーターを降りてビルの外へ出て、ＳＬ広場を彷徨《さまよ》っている居酒屋の客引きや酔っ払ったサラリーマンたちを眺めているうちに、ああそうか、ここは新橋だった、とようやく少しずつ目が覚めてきた。

第十三章　これから新橋はどこへ行く

ビルの一角で進んだ鮨屋の変遷

十五年前にニュー新橋ビルに通い始めた頃、二階の「裏通り」には〈新橋鶴八〉と暖簾《のれん》に書かれた鮨屋があった。しばらくするとマッサージ店を一軒挟んで〈新橋鶴八　分店〉ができ、さらに数年後には〈新橋鶴八〉のあった場所が空き店舗となって、〈分店〉と書かれていた暖簾が〈新橋鶴八〉になっていた。

ビル内の一角でひっそりと行われていた数年間の鮨屋の変遷を不思議に思い、評判の江戸前鮨を食べに行った。

暖簾をくぐると、磨き上げられた白木のカウンターに七席と、四人掛けのテーブル席が一卓。親方の五十嵐寛和さんの後ろには、旬のネタを書いた木札が掛けられている。基本的にはお任せのスタイルだが、お好みにも快く対応してくれる。余計な装飾のない店内に、「いらっしゃいませ」と淡々と迎えてくれた。

五十嵐さんが高校を卒業し、寿司職人になろうと決めたのは、名店〈神田鶴八〉の創業者である師岡幸夫が書いた『神田鶴八　鮨ばなし』を読んだからだった。弟子入り志願の電話をかけると、神田では募集をしていないから新橋の店に行くよう言われた。そうして師岡親方の弟子である〈新橋鶴八〉の石丸久尊親方の弟子となり、十八年働くことになる。

「本に書かれていた師岡親方の修業時代のように厳しく鍛えられたんですか？」と聞くと「殴られはしなかったですよ。ただ、蹴りが飛んでくる。職人は手が大事ですから」と、ニヤリと返してくる。五十嵐さんは寡黙ながら洒脱な会話をする人だ。

「神田で修業した私の親方が新橋で店を開いたのは、親方の叔父さんがこのビルの中に書店を三軒経営していて、いいビルだからと勧められたのがきっかけだと聞いています。私が修業を始めた当時は二階にもその叔父さんの書店がありましたね。地下の書店のアルバイトだった女性を、叔父さんがご馳走すると言って店へ連れてきたのが、親方と女将さんとの馴れ初めだそうです。こんな話をすると、余計なこと言うなと怒られそうですが（笑）」

〈陽だまり〉のママ、服部さんが言っていた「店の前に書店があった」とは、この叔父さんの書店のことだろう。残念ながら、ビル内にはもう一軒も書店がない。

このビルは家のようなもの

五十嵐さんは修業時代、早朝の築地市場で仕入れをするために、ほとんど毎日、店で寝泊まりをしていた。

同じようにビル内で寝泊まりしていた近隣のマッサージ嬢とも気軽に挨拶を交わす仲で、ある晩、隣の店の女の子に日本語を教えて欲しいと言われて付き合っていると、妙にしなだれかかってくる。襲われそうになって、それは困ると五十嵐さんが断ると、ハイヒールを投げつけられて店から追い出されたという。

ニュー新橋ビルでの滞在時間が誰よりも長いであろう五十嵐さんの生活は、独立した今でもそれほど変わっていない。

ヒラメから始まる正統派の江戸前握りの流れは、旬のネタが次々に出されて、後半にかけてどんどんと盛り上がっていく。特に締めの零《こぼ》れ落ちそうなほど盛られたウニの軍艦巻きと重ね合わせるようにしてトロを巻いた太巻きは圧巻で、思わず感嘆の声を上げるとまたしても軽妙な答えが返ってくる。

「以前は隣に本店があったので、両方に通っていただいている常連さんが向こうより少ないって冗談で言うんです。それを聞いた他のお客さんは本気にしちゃいますからね。それで張り切ってお出しししているんですよ」

本店と分店が並んでいた理由について尋ねると、かつての〈新橋鶴八〉に通っていた常連の不動産屋が、自分の持つ二軒隣の物件への移転を勧めたところ、石丸親方も悪くない話だと、一度は移転することが決まっていたのだという。しかし、元の店のオーナーへの義理もあって「出るに出られず」の状況になり、「お前、そっちで店をやれ」と五十嵐さんがその物件で独立することになった。

そして三年ほどは、石丸親方の〈新橋鶴八〉と五十嵐さんの〈新橋鶴八　分店〉がマッサージ店を挟んで並ぶという不思議な状態が続いた。その後、石丸親方が神田の〈鶴八〉を引き継ぐことになり、晴れて五十嵐さんの暖簾から〝分店〟が取れ、〈新橋鶴八〉を襲名することになった。

「親方からは、儲けようと思うならやめたほうがいいと言われています。利益のためというよりも、人とのつながりで、育てていただく。鮨屋はそういうものですから。私は、新橋しか知りませんからね。散々、寝泊まりもしてますし、まあ家みたいなものですよ、このビルは（笑）。それに、これ以上の場所はないと思いますよ。赤坂や虎ノ門からも近いし、銀座からもすぐ来られる。私は親方から〈新橋鶴八〉を継いだんです。だから守らなくちゃいけない」

五十嵐さんとの話題は、次第にニュー新橋ビルの取り壊しへと移っていった。

「このビルが建て替わったら、家賃も上がるだろうし、ガスコンロでなくIHになってしまうかもしれない。セキュリティも強化されて三百六十五日好きな時間に寝泊まりするなんていうこともできなくなるんでしょうね。まあ、どうしたものかと思ってますよ。いよいよ退去となったら二階のマッサージ嬢たちと一致団結、抗議して、テレビに映りますよ（笑）。一体、どうなるんでしょうね？　この仕事は、一日一日を積み重ねるだけですから、先のことはわかりません」

新橋駅前再開発の現状

二〇一六年（平成二十八年）に新橋駅西口地区市街地再開発準備組合が立ち上げられ、再開発はいよいよ本格的に動き出している。事業協力者として、野村不動産、ＮＴＴ都市開発株式会社の参加が決まり、二社からの出向によって再開発準備組合の事業運営が補佐されている。

すでに発表された計画では、柳通り沿いに面するニュー新橋ビル、旧桜田小学校を含めたおよそ二・八ヘクタールの土地に、二棟の高層ビルが建てられる。ＳＬ広場は少し場所をずらして残され、敷地に含まれる柳通り、烏森通りの一部は、救急車両の通行を容易にするために拡幅される予定になっている。

西口の再開発準備組合は、ニュー新橋ビルの区分所有者の五分の四以上の加入によって立ち上げられている。つまり権利者のほとんどは再開発自体には賛成の立場だ。

ビル建て替えの大きな理由の一つが、施設の老朽化だ。ニュー新橋ビル管理組合の事務局長、谷岡保彦さんによれば、実際に飲食店では水漏れなども起こっており、空調のメンテナンスも必要となっている。

また、地震に対する備えも求められている。

ただ、二〇一八年に東京都が発表した「震度六強で倒壊する危険性が高い」ビルに名前を挙げられたのを受けて、ニュー新橋ビル管理組合は十数年前に東京都へ提出した耐震診断をやり直している。その結果、「倒壊し、又は崩壊する危険性が高い」という危険度評価Ⅰから、「危険性がある」という評価Ⅱへと引き下げられてはいる。

大規模な耐震補強工事を数年前に終えた東口の新橋駅前ビルでも、再開発に対する権利者への聞き取りや説明会など、少しずつ具体的な動きが始まっている。

いずれにしても再開発への流れはもう止まらないだろう。

二〇二〇年（令和二年）六月の時点で、東京都は港区と共に、いわばグランドデザインである都市計画を準備している段階だという。行政は、東口と西口を合わせた新橋駅前全体での再開発を考えている。

今後の流れとしては、策定された都市計画に対して、権利者から同意を得るのが最初のステップ。二つ目のステップが準備組合から本組合成立への同意。そしてようやく、現在の区分保有者がどの区画へ入るのかという権利変換の計画が決定されていく。

西口の再開発準備組合によれば、ニュー新橋ビル解体の着工は、最短で二〇二五年。二〇一八年の取材時には「最短で二〇二二年に着工予定」と話していたことを考えれば、計画は遅々として進んでいない。そのために、ビルで働く人々から逆に「どうなるのか知らない？」とよく聞かれた。

その一方で、すでに再開発を見据えた動きもある。

〈三立エース〉の富成さんによれば、再開発による地価の高騰や立ち退き金を期待して区画を保有し続けているオーナーがほとんどで、たとえ売りに出されても、相場価格の倍以上の値付けがなされている。それでも投資目的で新たに区画を購入する人がいたり、さらに立ち退き金を目当てに店を開く経営者までいるという噂も聞く。

新橋で働く人々のオアシス

ニュー新橋ビルのSL広場口から入ってすぐの、もっとも人目につく場所にジューススタンド〈ベジタリアン〉はある。筆記体で〈Vegetarian〉と書かれたネオンが店頭を飾り、紅白に塗られた壁には効能と栄養素を手書きした紙がスペースを埋めるように貼られている。「創業五十年」の貼り紙もあり、このカラフルな店がビルと同じ歳月を経てきたことを示している。〈ベジタリアン〉のオーナー、菊地順子さんも、基本的には再開発に賛成だという。なぜ賛成なんですか？　と聞くと、こう答えた。

「私、もう七十五歳を過ぎてるのよ、こう見えて（笑）。生きている間にどうなるのか知りたいじゃない」

菊地さんはビル竣工当時を知る最後の世代の一人だ。

当初〈ベジタリアン〉は、神田にあった青果市場の仲卸が小売部門としてスタートさせた果物店だったが、開店早々にジューススタンドに業態を変えている。

通路ですれ違うのにも苦労するほど客が訪れたというモダンなビルで、当時二十代だった菊地さんは、一日に二千人もの客を捌いていたという。毎日朝から店に立ち、果物が熟したタイミングを店先で確かめ、カウンターの上のミキサーを回し続けてきた。

銀座のデパートなどからも出店の誘いが度々あったが、すべて断ってニュー新橋ビルだけで営業を続けてきた。「梅」とか「スイカ」とか、単語しか発しない無愛想なサラリーマンたちを優しく迎え、「行ってらっしゃい」と送り出してきた。

私もビルに行く度に〈ベジタリアン〉に寄って、風邪を引きそうな時には「ホットしょうが」、腹具合が悪い時には「人参リンゴ」を頼んでいる。

美味しい苺ジュースを飲ませたいと、娘を連れて店に行ったこともある。以来、菊地さんは「お子さん元気?」と声をかけてくれる。店でジュースを頼むたびに、「再開発はどうなるのかしらね?」とほんの少しの会話を交わす。

カラフルなポロシャツに、黄色いエプロンと帽子をかぶったこの店のお姉さんたちが、新橋で働く人々をずっと支えてきたのではなかったか。

菊地さんがビルの建て直しに賛成ならば、仕方ない、とも思う。けれど、再開発によってビルが壊されてしまったら、〈ベジタリアン〉が培ってきた五十年はあっさりと失われてしまうだろう。

今のビルを壊して新しい高層ビルが竣工するまでには、最短でも十年近くかかるはずだ。そこに〈ベジタリアン〉が出店したとして、その時には八十半ばになる菊地さんが店に立っているだろうか。

日常と土地の記憶

その日は「人参リンゴ」ジュースを飲んだ後に、この界隈の守り神としてビル内で働く人からも信仰されている烏森神社に行った。

かつては新橋花街の中心地であった神社の参道には、すでに改装されてはいるものの、ニュー新橋ビルが建てられる以前の面影を残す二階建ての店舗が数軒だけ残っていて、マーケット時代の飲み屋がいかに狭小であったかを偲ばせる。

それらの店の背後には商業ビルが聳《そび》え、エアコンの室外機や空調ダクトが剝き出しになっている。

烏森神社で参拝を済ませ、路地を抜けた先のSL広場に戻ると、スーツを着た若い男たちがアンケート調査のために時間がありそうなサラリーマンを探してフラフラと漂っている。Tシャツ姿の私には見向きもしない。

彼らの緩慢な動きを目で追いながら、十数年前に整備されて消えてしまったこの広場の中央にあった噴水のことを思い出す。かつては、サラリーマンがよくそこに腰掛けて、〈ベジタリアン〉のジュースを飲んでいた。

広場の隅にある派出所の裏では、五十年以上通い続ける靴磨きのおばあさんが商売道具を並べている。丸まった背中に、手ぬぐいで頬被《かむ》り。新橋の変遷を横目に、どんな時代も黙々とサラリーマンの靴を磨き続けてきた。

「どうぞ、お元気で」と心の中で声をかけながら脇を通り過ぎてビルを見上げると、白い格子状の外壁には、鳩よけなのか、ネットが張られている。

十五年前に初めて訪れた時には古臭いビルとしか思えなかった場所が、いまや私の日常に組み込まれている。

烏森通りの入り口からニュー新橋ビルに入るとすぐ、乾燥させたすっぽんや赤まむしを並べ、その場で粉末にして滋養強壮剤を作る店があり、店員に店の来歴を聞こうと声をかけたことがあった。その店員は有楽町の店から移ってきたばかりらしく、新橋店についてはほとんど何も知らないのだと詫びた後、「でも、新橋よりも、有楽町にいらっしゃるお客さんの方が品がいい感じがしますね」と丁寧な口調で言った。

たしかに、私は「品」や「流行」をここに全く求めていない。むしろ、人間の些細《ささい》な本性が垣間見えるからこそ、通い続けているのだろう。

ニュー新橋ビル二階の「裏通り」にあるマッサージ店の通路に面した小さな扉の中には電子レンジがポツンと置かれていて、数軒離れた店のマッサージ嬢がコンビニで買ってきた焼き芋を温めていたりする。彼女の眉毛は、自前のものよりもずっと太く描かれている。

そんな慎ましい日常に、私はたまらなく惹かれてしまう。

これまで、二つのビルを回遊する度に目にしてきた様々な断片には、そんな人間くささが滲み出ている。

マッサージ店のベッドを仕切るカーテンレールにかけられた洗濯物、ゲームセンター〈ウィング〉の灰皿に置かれたサービスの飴玉、〈ラズベリードール〉のピンクのボタンのついた白いサーキュレーター、〈秩父〉で席に着くと渡されるひざ掛け、チケットショップで売られている七十円の缶コーヒー、〈ぺちか〉に積まれたエアロスミスのカセット、昼から開いている立ち呑み屋の具の入っていない二百円の焼きそば、〈たこ助〉の暖簾の「あした天気になあれ」という刺繍、アダルトショップの店頭ポスターで乳首に貼られた☆マーク、〈陽だまり〉の座敷に置かれたちゃぶ台……。

挙げ始めたらキリのない断片の数々が、私の中に蓄積され、その日常が記憶となっていく。

これまで二つのビルで働く多くの人に話を聞かせてもらったが、「なぜ、この場所なんですか？」と尋ねると、

「新橋しか知らないから」

と何人もが答えた。新橋でなければ、生まれなかった日常。

おかげさま
で当店営業
49周年
チケット
販売・買取センター
タピオカ
フルーツジュース
¥600
banana
バナナ
ミネラル、ビタミンB群
すぐにエネルギーになり
抗酸化力はフルーツの
中でトップクラス
牛乳入り
¥300
DRAGON FRUIT
ドラゴン
フルーツ
沖縄の健康果実、
ビタミン、ミネラル豊富
とてもおいしい!!
¥500
Japanese Plum
梅(うめ)
クエン酸たっぷり
で夏バテ予防、
疲労回復に!!
¥300

タピオカ
各種ジュース
にいれて
プラス300
タピオカ
300円
サンドはジュースを
御買い上げくださった方
のみ販売してます
Lサイズコップ
フルーツジュース
¥550〜
野菜ジュース 800円
アロエ
手作りサンド
1ヶ100円
ジュースを飲んで
いただいたお客様
限定でお一人様
1ヶまでとさせていた
だきます

ニュー新橋ビルの各階にあった書店も、四階にあったサウナも一階のパチンコ屋も、今はもうない。

だが、計画して作られた品のいい商業施設では存在しえない、戦後の闇市から脈々と続く、怪しさと下世話さと文化が渾然となった店がここにはまだ残されている。

過去と断絶したスクラップ&ビルドを繰り返す「東京」において、土地の記憶をとどめたビルの価値はより一層高まっている。それはきっと、未来の東京においてもっと必要になるはずだ。

新橋には、いつまでも戦後の猥雑さを取り込み、非日常を愛しき日常に変えてくれるビルを抱えた、稀有な街で在り続けてほしい。

二つのビルは、今もしっかりと生きている。

Kasugai
SCORE

あとがきにかえて

この本の原稿を書いていた二〇二〇年四月七日、コロナ禍のなかで緊急事態宣言が発令された。

自粛生活が一ヶ月ほど経過した頃に、新橋の状況が気になって不要不急の外出をした。ちょうど昼時だったにもかかわらず駅前には人通りがほとんどなく、ＳＬ広場の静けさに慄きながらニュー新橋ビルに入ると、〈ベジタリアン〉のシャッターは開いていて、いつも以上に眩しく見えた。

オーナーの菊地さんは、「なんだか再開発どころじゃなくなっちゃったわね」と、いつも通りの笑顔で迎えてくれた。

普段は小さなラジカセが置かれているゴミ箱の上のスペースには、ドラッグストアにも在庫がないはずのマスクが箱売りされている。

「このマスクどうしたんですか？」

「知り合いに頼まれて置いてるんだけど、欲しいお客さんが多くて喜んでもらってるわよ」

宣言後は売り上げも激減したというが、転んでもただでは起きないというべきか、その逞《たくま》しさに感心させられる。苺ジュースを飲み終わるまでの数分で、それまでの日常がどんなものだったのかを少し思い出していた。

二階に上がると名前を教えてくれない呼び込み嬢が店先で髪をいじっていた。私を見つけて、座ったまま手を振ってくる。

「店、開けてるんだね」

「時々ね。開けてるけど、お客さん来ないよ」

困った風でもなくのんびりと答える。暇そうなのに、「マッサージどう？」とさえ聞かれない。

店先で彼女の隣に座って、しばらく二人で誰も通らない通路を黙って眺めていた。五分ほどそうしてから立ち上がると、彼女は「またね」と笑った。

四階から地下まで、ビル内を一通り歩いてみると、客はほとんど見かけなかったが、想像していたよりも多い半数以上の店が営業していた。〈カトレア〉にはブローカーと思しき人々が陣取り、碁会所でも碁を打っている人がいる。

一方で、新橋駅前ビルの飲食店は九割近くが閉まっていた。〈ビーフン東〉は営業していたが、稲庭うどんの〈七蔵〉は長らく扉を閉めているようだった。

地下街に降りると人通りはなく、〈たこ助〉にだけ三名の客がいる。吸い寄せられるようにカウンターに並び、いつものようにジンジャーエールを頼んだ。

「静かですね」とたこママに言うと、「本当に。ね、すっかり風通しが良くなっちゃって」とニヤリと返された。

テレビを見上げてコロナ禍のニュースを眺めていると、本気か冗談かわからないトーンで、「補助金もらうために店は二十時で閉めてるんですよ」とたこママは呟いた。この緊急時にも動じることなく、持ち前の観察眼でいまの状況を打開しようとしているのが伝わってくる。活気のない新橋を目の当たりにして、勝手に感傷的になっていた私をやんわりと諭しているようにさえ聞こえた。

ジンジャーエールを二杯飲んで、「また来ますね」と言うと、たこママは「ありがとうございます」と深々と頭を下げ、「どうぞ、ご安全に」といつものように送り出してくれた。

緊急事態宣言が明けるや、自粛中からずっと行きたかった〈ニュー新橋バーバー〉に散髪に行った。考えることは誰もが同じらしく、店の前のパイプ椅子には幾人もの客が並んでいた。店内の席数を半分に減らして隣席との間隔を開けている。

理容師の塩田さんに、感染が怖くはないか聞くと、「私たちは普段からマスクしてますからね。在庫も持ってますし、店には消毒機器もありますから。正直、以前と大して変わんないんですよ」と伸びきった私の頭を刈りながら、あっけらかんとしている。

新宿歌舞伎町は名指しで批判されているのに、官僚たちが出入りしているから銀座のクラブはあまり騒がれないとか、日曜日の夜には銀座のホステスたちがＰＣＲ検査を受けるためにこのビルの裏手にずらっと並んでいるらしいとか、この二ヶ月の間に溜め込んだ真偽のわからない噂話を教えてくれる。

髭まであたってもらい、さっぱりして「ああ、生き返った」と言うと、「その言葉のために、我々はやってます。ありがとうございます」と真剣な顔で返された。

殿山泰司という役者が書いた随筆集『三文役者のニッポンひとり旅』に、憤りと諦念の入り混じった、新橋の再開発に対する今の私と似た心情が描かれていた。

一九七七年（昭和五十二年）に刊行されたこの本には、日本中の失われゆく路地裏を旅して、女性と色事に及ぼうとする話が浮薄なタッチで描かれているが、その根底には消えゆく〝戦後〟に対するノスタルジーとやるせなさが溢れている。

「マッチ箱のような飲み屋の並んだマーケットを訪れたのは久し振りだ。オレのアタマの中を敗戦直後の新宿や新橋がチラチラする。思えばあのころはバクダンをはじめとしてひどい酒を飲んだもんだ。オレの友だちでメチルのために死んだやつもいる。

いろんなオンナもいた。ヤッタ女ヤラナイ女の顔がうかぶ。ああもう二十数年か。オレの精神は異常ではないかと心配するほど、ちっとも発達しないのに、歴史はどんどん流れて行きやがる。待ッテクレ!!」

新橋駅前ビルとニュー新橋ビルが建てられた半世紀ほど前、きっと殿山泰司は、新橋はもう自分の街ではなくなったと思ったことだろう。

だが、マーケットを壊して生まれたビルのおかげで、新橋は私の街になった。


散髪をした帰りに〈たこ助〉に寄って、緊急事態宣言明けの界隈の状況を尋ねた。中でも私が気になっていたのは、カプセルホテルに暮らす流しのケンちゃんの動向だった。

「つい昨日、この通路を歩いてましたよ。あの人はモテるから、きっと泊まるところなんていくらでもある。大丈夫ですよ。それにね、新橋のこの辺の〝泥臭い〟人たちは、しぶといから」

たこママは自分にも言い聞かせるように、顔の前で手を振って笑った。

私のナイーブな心配なんてどこ吹く風で、今も二つのビルを根城にする人々は、淡々と日々を積み重ねている。生きることに対するそのタフネスに、私はずっと憧れてきたのかもしれない。

「さよなら、新橋」

ビルが壊されたら、そう言ってしまいそうな〝発達しない〟私を置き去りにして、「劇場・新橋」は新たな幕を開けるのだろう。

SMB
JK
24
新　橋
新桥
신바시
山区
しんばし
浜松町
有楽町
JK
23
Hamamatsuchō
Shimbashi
Yūrakuchō
STOP
STOP
非常停止ボタン
非常停止ボタン
手線 Yamanote Line
2号車 3番ドア
F34

橋
ashi
2号車 2番ドア
F35

〈参考文献〉
『新修港区史』
『盛り場はヤミ市から生まれた・増補版』
　橋本健二／初田香成編著（青弓社）
『東京闇市興亡史』猪野健治編（草風社）
『闇市の帝王』七尾和晃（草思社文庫）
『光は新宿より』尾津豊子（K＆Kプレス）
『新宿二丁目』伏見憲明（新潮新書）
『闇市』マイク・モラスキー編（皓星社）
『東京暗黒街』岩佐義人（徳間書店）
『日本のおかま第一号』野地秩嘉（メディアファクトリー）
『昭和キャバレー秘史』福富太郎（文春文庫）
『東京 花街・粋な街』上村敏彦（街と暮らし社）
『戦後の貧民』塩見鮮一郎（文春新書）
『三文役者のニッポンひとり旅』殿山泰司（白川書院）
『肉体の門』田村泰次郎（風雪社）
『荷風！vol.21』（日本文芸社）
『商店建築　2019年5月号～7月号』（商店建築社）

〈写真提供〉
吉村商会（P54、55）

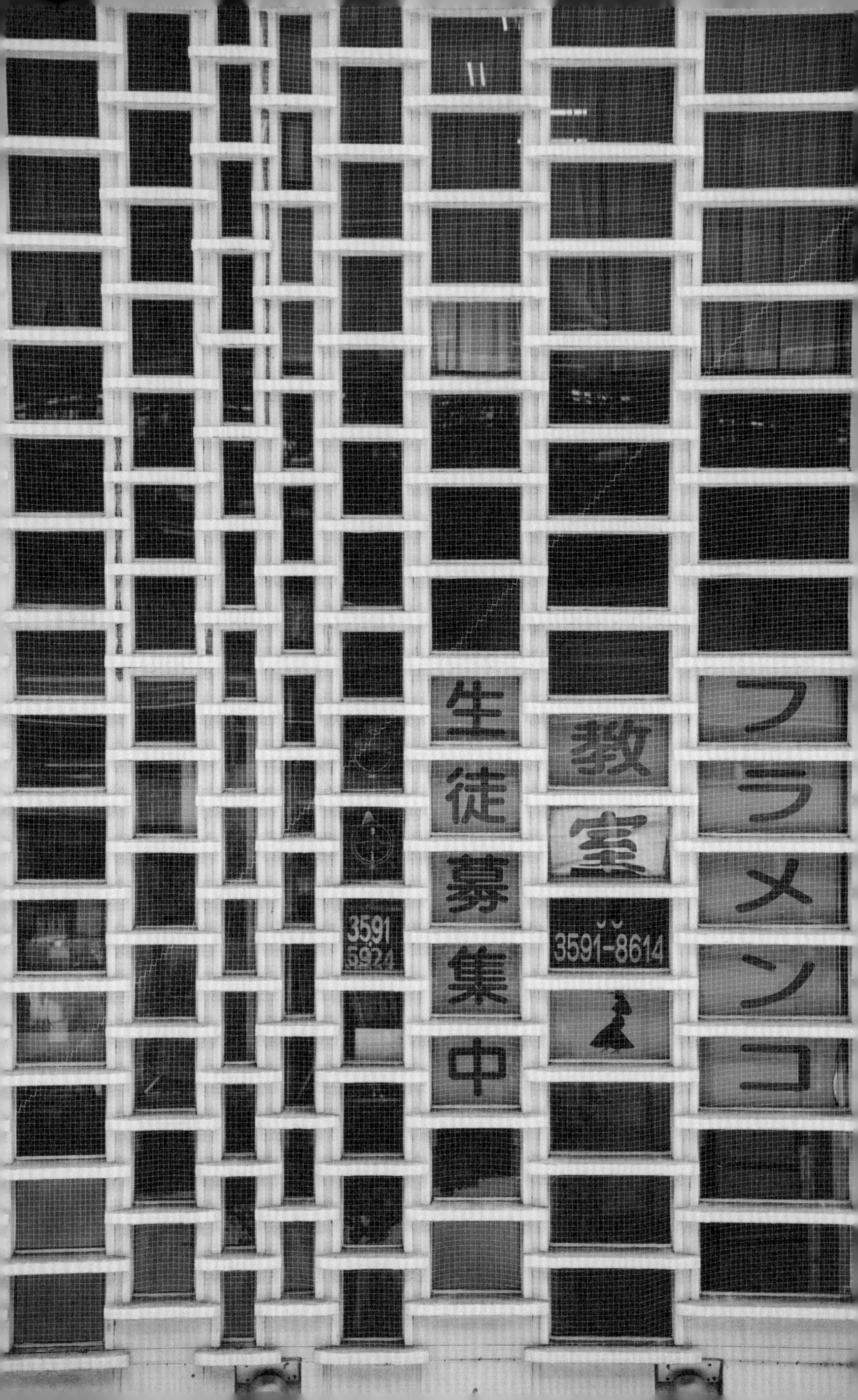

フラメンコ
教室
3591-8614
生徒募集中
3591
5924

村岡俊也（むらおか・としや）
1978年生まれ。鎌倉市出身。中央大学法学部卒業。『BRUTUS』『翼の王国』『Subsequence』など、雑誌媒体を中心にライターとして活動する。著書に、アイヌの木彫り熊の職人を取材した『熊を彫る人』、沖縄で天然酵母パン作りに勤しむ職人を追った『酵母パン　宗像堂』がある。

新橋《しんばし》パラダイス　駅前名物《えきまえめいぶつ》ビル残日録《ざんじつろく》

2020年9月15日　第1刷

著　者　村岡俊也《むらおかとしや》
発行者　島田真
発行所　株式会社　文藝春秋
〒102-8008　東京都千代田区紀尾井町3-23
電話　03(3265)1211
印　刷
製　本　図書印刷

ISBN978-4-16-391221-9　Printed in Japan